ŒUVRES

DE

SAINT-SIMON & D'ENFANTIN

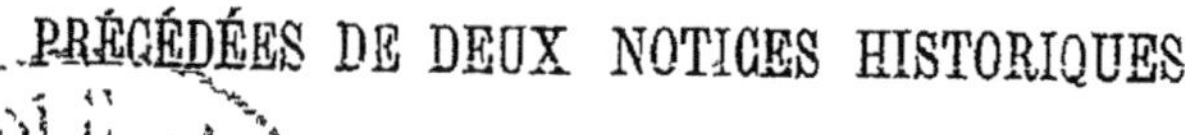

PRÉCÉDÉES DE DEUX NOTICES HISTORIQUES

XVe VOLUME

IMPRIMERIE L. TOINON ET Ce, A SAINT-GERMAIN.

ŒUVRES

DE

SAINT-SIMON

PUBLIÉES PAR LES MEMBRES DU CONSEIL

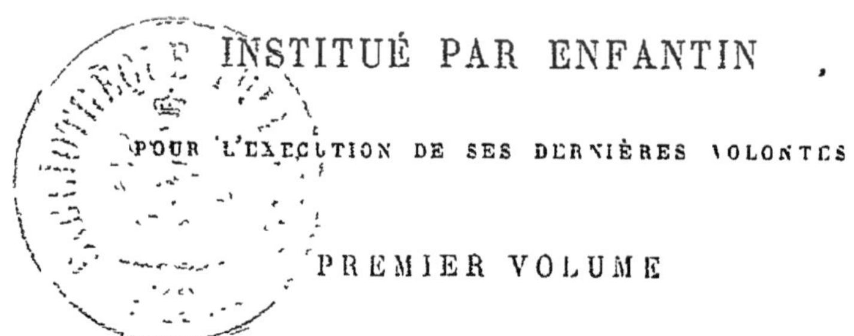

INSTITUÉ PAR ENFANTIN

POUR L'EXÉCUTION DE SES DERNIÈRES VOLONTÉS

PREMIER VOLUME

PARIS

E. DENTU, ÉDITEUR

LIBRAIRE DE LA SOCIÉTÉ DES GENS DE LETTRES

PALAIS-ROYAL, 17 ET 19, GALERIE D'ORLÉANS

1868

AVERTISSEMENT

Nous nous proposons moins de réimprimer les œuvres de Saint-Simon que de *préparer* une édition complète de ses œuvres. Le peu d'ordre dans lequel les nombreux écrits de ce grand penseur ont été livrés par lui au public, rendrait, sans aucun doute, très-difficile la tâche de ses éditeurs futurs. Nous avons voulu, en même temps que nous donnions ses principaux ouvrages, aplanir des difficultés peut-être insurmontables pour ceux qui n'auront pas, comme nous, assisté à l'enfantement de la pensée sociale qui se développait chaque jour dans le cœur de Saint-Simon, ou qui n'auront pas participé aux travaux de son école. Pour bien suivre les phases successives d'un pareil enfantement, l'ordre chronologique était indispensable : nous n'avons pas hésité à l'adopter ; et pour ceux des ouvrages dont nous ne reproduirons que les titres, nous donnerons des explications bibliographiques que nous croyons intéressantes dès à présent, et qu'apprécieront mieux encore les éditeurs futurs des œuvres complètes de Saint-Simon.

Paris, juin 1868.

ŒUVRES

DE

SAINT-SIMON

— LETTRES D'UN HABITANT DE GENÈVE A SES CONTEMPORAINS; brochure in-12 de 103 pages, sans lieu ni date, et sans nom d'auteur.

En mars 1832, Olinde Rodrigues a réimprimé ce premier écrit de Saint-Simon, et il lui a donné la date de 1802, sans alléguer de preuve à l'appui de cette indication; mais nous trouvons, dans le journal qui a précédé le *Journal de la Librairie* de M. Beuchot, que les *Lettres d'un habitant de Genève à ses contemporains* ont paru en 1803 [1]. Telle est donc la véritable date de cette publication.

Si l'on observait à la lecture des ouvrages de Saint-Simon, que, dans ses publications subséquentes, il n'a jamais rappelé son premier écrit, cependant si remarquable, nous répondrions que

1. « LETTRE (*sic*) D'UN HABITANT DE GENÈVE A SES CONTEMPORAINS » un petit volume in-12 (103 p.), prix : 0 fr. 75 et 1 fr. franc de port; » Paris, Surosne, libraire, palais du Tribunat, deuxième galerie de » bois, et chez les marchands de nouveautés. » (*Journal typographique et bibliographique* rédigé par feu M. Roux et continué par Dujardin-Sailly, VIIe année, p. 21, n° III, 24 vendémiaire an XII) (lundi 17 octobre 1803).

quinze jours avant sa mort [1], il parla pour la première fois à Olinde Rodrigues de son *Introduction aux travaux scientifiques du* XIXe *siècle*, et qu'il n'en parla que comme d'un travail préparatoire : cependant, au moment du décès de Saint-Simon, Olinde Rodrigues vivait depuis deux ans avec son maître sans, pour ainsi dire, le quitter [2].

Les *Lettres d'un habitant de Genève à ses contemporains* avaient été tirées à petit nombre, elles n'ont été retrouvées qu'à la fin de 1826 ; ainsi s'explique qu'Olinde Rodrigues, en avril 1826 [3], parlait de l'*Introduction aux travaux scientifiques* publiée en 1807, comme du premier écrit de Saint-Simon. D'une autre part, les *Lettres* ne portant pas de signature, on pouvait à la rigueur, et malgré le cachet d'originalité dont elles sont empreintes, contester le nom de l'auteur ; mais, si des doutes ont existé à cet égard, ils ne sont plus possibles depuis 1863, date à laquelle feu notre ami Lambert-Bey en a acquis, dans une vente publique, un exemplaire auquel est annexée une lettre autographe de Saint-Simon au premier Consul. Cette lettre trouve ici sa véritable place :

« Citoyen premier Consul,

» Je vous envoye mon ouvrage; il est bien
» peu volumineux, mais cela ne vous étonnera pas
» quand vous saurez que j'ai employé la plus
» grande partie de ma vie à le méditer. Je souhaite
» que vous le trouviez bon, et j'ose me permettre

1. Saint-Simon est mort à Paris le 19 mai 1825; il était né à Paris, le 17 octobre 1760.

2. « Cet homme, dit Olinde Rodrigues en parlant de lui-même, est » celui qui seul vécut deux ans de la vie du révélateur. » (*Préface des Œuvres* de Saint-Simon, p. VII ; édition Rodrigues, 1re livraison ; in-8°, Paris, mars 1832). — Il n'a paru que deux livraisons de cette publication.

3. *Le Producteur*, t. III, p. 92, premier cahier de 1826.

» de vous dire que, dans mon opinion, vous êtes » le seul de mes contemporains en état de le juger : » si vous voulez bien avoir la bonté de ne pas me » laisser ignorer le jugement que vous en porterez, » vous me ferez un très-grand plaisir.

» En signant cette lettre, en restant sur la partie » du globe dont les habitants se trouvent immédia- » ment sous vos ordres, je prends, comme vous » voyez, la liberté de me placer directement sous » votre protection.

» SAINT-SIMON.

» Rue Derrière-le-Rhône, à Genève. »

« *P.-S.* J'ignore la manière dont il faut vous » adresser une lettre pour qu'elle vous parvienne; » j'espère que vous ne considérerez pas comme un » manque de respect de ma part, le parti que je » prends de demander par ce post-scriptum à ce- » lui de vos secrétaires qui ouvrira cette lettre de » vous la remettre en main propre. »

Si le *Journal typographique* ne nous donnait une date précise, cette lettre aurait servi à fixer la limite supérieure de la publication de l'ouvrage que Saint-Simon envoyait au premier Consul, puisqu'on sait que, le 18 mai 1804, fut promulgué le sénatus-consulte organique, qui conférait à Napoléon Bonaparte le titre d'empereur, sous le nom de Napoléon Ier. Le fait que la lettre autographe de Saint-Simon accompagnait le petit volume acquis dans une vente publique, démontre que ni l'ouvrage ni la lettre n'avaient été remis.

Nous avons dit qu'Olinde Rodrigues avait publié ces *Lettres* pour la seconde fois en 1832. Une troisième édition en a été donnée par M. G. Hubbard en 1857 [1]; elles ont été réimprimées aussi par M. Ch. Lemonnier en 1859 [2]; notre édition est donc la cinquième.

1 Dans son ouvrage intitulé : *Saint-Simon, sa vie et ses travaux.*

2 *Œuvres choisies de Saint-Simon.*

LETTRES

D'UN

HABITANT DE GENÈVE

A SES CONTEMPORAINS

PREMIÈRE LETTRE

Je ne suis plus jeune, j'ai observé et réfléchi avec beaucoup d'activité durant toute ma vie, et votre bonheur a été le but de mes travaux; j'ai conçu un projet qui me paraît pouvoir vous être utile, et je vais vous le présenter.

Ouvrez une souscription devant le tombeau de Newton; souscrivez tous indistinctement pour la somme que vous voudrez.

Que chaque souscripteur nomme trois mathématiciens, trois physiciens, trois chimistes, trois physiologistes, trois littérateurs, trois peintres, trois musiciens.

Renouvelez tous les ans la souscription ainsi que la nomination, mais laissez à chacun la liberté illimitée de renommer les mêmes personnes.

Partagez le produit de la souscription entre les trois mathématiciens, les trois physiciens, etc., qui auront obtenu le plus de voix.

Priez le président de la Société royale de Londres de recevoir les souscriptions de cette année.

L'année prochaine et les suivantes, chargez de cette honorable fonction la personne qui aura fait la plus forte souscription.

Exigez de ceux que vous nommerez qu'ils ne reçoivent ni places, ni honneurs, ni argent d'aucune fraction de vous, mais laissez-les individuellement les maîtres absolus d'employer leurs forces de la manière qu'ils voudront.

Les hommes de génie jouiront alors d'une récompense digne d'eux et de vous; cette récompense les placera dans la seule position qui puisse leur fournir les moyens de vous rendre tous les services dont ils seront capables; elle deviendra le but d'ambition des âmes les plus énergiques, ce qui les détournera des directions nuisibles à votre tranquillité.

Par cette mesure, enfin, vous donnerez des chefs à ceux qui travaillent aux progrès de vos lumières, vous investirez ces chefs d'une immense considération, et vous mettrez une grande force pécuniaire à leur disposition.

OPINION DE MON AMI

Vous m'avez prié de vous faire part de mes réflexions sur le projet que vous m'avez communiqué, je vais le faire avec d'autant plus de plaisir que la pureté de l'âme de son auteur frappe le lecteur attentif, que l'intention est sublime, et qu'elle doit trouver un accueil favorable auprès de tout être sensible et pensant; enfin l'auteur désire le bonheur de l'humanité, il y travaille, je l'aime.

Ses idées sont aussi neuves que philanthropiques; c'est avec raison qu'il considère les hommes de génie comme les flambeaux qui éclairent l'humanité, les gouvernants aussi bien que les gouvernés; et c'est par un principe de justice bien raisonné qu'il engage l'humanité à agir collectivement pour les récompenser. Son projet, sous un autre rapport, est également bon; on voit que l'humanité agissant *collectivement* pour récompenser les hommes de génie, les détournera de s'occuper des intérêts particuliers de la fraction d'elle, qui, en les récompensant, paralyse une partie de leurs forces.

Ce projet crée des places plus belles que toutes celles qui ont existé jusqu'à présent; places qui élèveront l'homme de génie à son rang, c'est-à-dire au-dessus de tous les autres hommes, même de ceux qui sont revêtus de la plus grande autorité : à la vue de ces places le génie sera stimulé, il aura enfin des prix dignes de l'amour de la gloire, de cette passion qui fait supporter sans peine les fatigues de l'étude et de la profonde méditation, qui donne la constance nécessaire pour s'illustrer dans les sciences et dans les arts.

Chez l'homme de génie l'intérêt personnel est bien puissant, mais l'amour de l'humanité est aussi capable de lui faire enfanter des prodiges. Qu'elle est belle, l'occupation de travailler au bien de l'humanité! Quel but auguste! L'homme a-t-il un moyen de se rapprocher davantage de la Divinité? Dans cette direction il trouve en lui-même de puissants dédommagements des peines qu'on lui fait éprouver.

Si je compare le poste élevé où l'humanité placerait l'homme de génie à un fauteuil académique, je remarque que l'ÉLU DE L'HUMANITÉ se trouvera dans une situation bien plus avantageuse que l'académicien; il jouira de la plus parfaite indépendance, et pourra développer toute l'énergie de ses forces, sans qu'elles soient arrêtées par aucune considération particulière; aucun faux ménagement ne pourra ralentir la marche de son génie, ni entraver ses travaux et son bonheur; pour se maintenir dans la place qu'il aura obtenue, il s'enflammera, il verra d'un œil inquiet les travaux de ses prédécesseurs, il voudra les surpasser, abandonner les sentiers battus pour en frayer de nouveaux; son enthousiasme gagnera de proche en proche, et il arrivera au véritable but, celui de faire faire des progrès à l'esprit humain.

Telle sera la route que suivra le génie quand il sera placé dans une position indépendante, tandis que l'esprit académique continuera à en suivre une contraire; l'esprit académique tendra toujours à conserver les opinions qu'il a admises, se regardant comme le dépositaire de la vérité; il attaquerait lui-même sa prétendue infaillibilité s'il changeait d'opinion. Il continuera à crier à l'hérésie et à devenir intolérant, plutôt que de faire un pas *rétrograde* au profit des lumières et du bonheur de l'humanité. Avec quel acharnement les académies ont persécuté les hommes de génie quand ils ont combattu leurs opinions! Observez la marche qu'a suivie l'esprit académique : vous verrez comme il a été fier et rampant, avec quelle adresse il a étouffé les débats qui pouvaient éclairer l'humanité, toutes les fois qu'ils ont pu nuire à sa propre existence; cela est provenu de deux causes, l'une que les académiciens sont nommés à vie, l'autre qu'ils sont dans la dépendance du gouvernement.

Parcourez l'histoire des progrès de l'esprit humain, vous verrez que presque tous ses chefs-d'œuvre sont dus à des hommes isolés, souvent persécutés. Quand on en a fait des académiciens, ils se sont presque toujours endormis dans leurs fauteuils, et quand ils ont écrit, ce n'a été qu'en tremblant et pour produire de faibles vérités. L'indépendance peut seule alimenter l'amour de l'humanité et le désir de la gloire, qui sont les deux puissants moteurs agissant sur l'homme de génie. L'académicien étant esclave, est-il étonnant qu'il ne produise rien? Tout esclave qu'il est, il se croit au comble de la gloire, il craint de descendre, et voilà précisément ce qui l'empêche de monter.

Si je jette un coup d'œil sur l'histoire des académies, je vois qu'en Angleterre il n'y a point eu d'académies, et seulement deux sociétés qui ont eu quelque rapport avec les institutions académiques, tandis qu'elles fourmillent dans les monarchies et même dans les États livrés à la superstition et à l'ignorance. Cependant quelle contrée a produit plus de grands hommes dans tous les genres? Où a-t-on découvert plus de vérités? Où les a-t-on publiées plus courageusement, adoptées plus promptement? Où a-t-on récompensé plus généreusement les auteurs des découvertes utiles? Dans cette île, l'amour de la liberté corporelle et l'indépendance dans les opinions ont dû faire mépriser et exclure les académies; comme citoyen, l'Anglais sent la dignité de son être; comme savant, il rougirait de se prostituer auprès de l'homme puissant, et de faire partie d'un corps qui n'existe que sous sa protection.

Le despotique Richelieu fut le fondateur de la première académie en France : il vit que l'espoir des médailles et des fauteuils enchaînerait l'écrivain, que l'administration s'en servirait pour répandre des principes favorables à ses vues, qu'elle maîtriserait ainsi l'opinion publique, et qu'elle ferait des académies autant de ressorts cachés de son despotisme; aussi l'événement justifia-t-il les vues du ministre dominateur; cette première, cette mère académie en enfanta cent autres, dont les efforts n'ont pu élever la France au niveau de l'Angleterre. L'Italie regorge d'académies et compte fort peu de savants; on y distribue force brevets de tripots littéraires; les hommes n'en sont ni meilleurs ni plus éclairés : si elle supprimait toutes ses académies peut-être le génie prendrait-il chez elle plus d'essor.

Je ne puis cependant m'empêcher de convenir que les académies ont été de quelque utilité, que leur établissement tout imparfait qu'il est n'ait produit quelque avantage aux sciences et aux arts; je reconnais aussi qu'il s'est trouvé quelques académiciens qui ont conservé de l'énergie; mais le mode académique est trop en arrière des vues philosophiques actuelles, pour qu'on doive le conserver plus longtemps; la marche de l'esprit humain, devenue plus hardie, me paraît rendre possible l'abolition entière des entraves de toute espèce qu'éprouvent les académies même les plus savantes. L'humanité ne doit pas perdre de vue qu'elle doit récompenser les hommes qui lui servent de flambeau et qu'elle doit collectivement récompenser ceux de ces flambeaux qui sont assez lumineux pour éclairer toute la terre.

Le projet me frappe sous un autre rapport bien capital. Que d'obstacles n'ont pas eu à surmonter jusqu'à présent les hommes de génie! Presque toujours, dans leur début, ils sont détournés des idées capitales par des occupations auxquelles ils sont obligés de se livrer pour fournir à leur subsistance.

Que d'expériences, que de voyages nécessaires au développement de leurs vues leur ont manqué! Dans combien d'occasions n'ont-ils pas été privés de collaborateurs dont ils auraient eu besoin pour donner à leurs travaux toute l'extension dont ils auraient été susceptibles! Que de conceptions heureuses avortées pour n'avoir pas été vivifiées par des secours, des encouragements et des récompenses!

Et si, malgré toutes ces difficultés, quelques hommes de génie sont parvenus à se faire connaître et à obtenir une récompense, cette récompense a toujours été insuffisante pour fournir d'une manière large aux frais de leurs travaux, pour encourager les jeunes gens auxquels ils trouvent des dispositions heureuses, et pour subvenir à leurs besoins quand ils n'ont pas de fortune. L'homme de génie est seul propre à découvrir les premiers germes, à les développer et à leur administrer judicieusement les secours qui leur manquent.

La place, ou la récompense, qu'obtient l'homme de génie, lui donne presque toujours des fonctions à remplir qui le détournent plus ou moins de ses travaux, elle le fixe dans un lieu, et l'empêche par conséquent de se transporter pour voir les choses ou les hommes qui pourraient devenir l'occasion de faire de nouvelles découvertes: l'inconstance du gouvernement dont il reçoit la récompense lui laisse de l'inquiétude pour son avenir, elle le force souvent à faire des démarches pour maintenir sa place, et pour se maintenir dans sa place; et malgré toute sa prévoyance, souvent une guerre ou quelque dérangement dans les finances amène la suppression de ses honoraires, ou du moins la suspension de leur payement.

Enfin, l'homme de génie, qui pour ses travaux aurait besoin de l'indépendance la plus absolue, est toujours plus ou moins dépendant du gouvernement qui le récompense; il faut qu'il en adopte l'esprit, qu'il s'assujettisse aux formes et aux usages qu'il consacre, qu'il pense pour ainsi dire secondairement, au lieu de lancer avec hardiesse les traits de son imagination; il faut qu'il combine timidement les moyens de produire ses idées au grand jour et il finit par se montrer bien moins ce qu'il est, que ce qu'on veut qu'il paraisse; en un mot, on lui fait payer bien cher la mesquine récompense qu'on lui a accordée.

Quant à l'homme de génie qui consent à recevoir des bienfaits particuliers d'un gouvernant, ou de tout autre individu, sa position est encore bien plus fâcheuse par l'avilissement dans lequel il se laisse tomber.

Si l'on examine attentivement les idées qui guident les gouvernements dans toutes les directions particulières d'administration, on verra qu'elles ont toutes été trouvées par des hommes de génie. Les hommes de génie éclairent donc les gouvernants aussi bien que les gouvernés.

Je conviens que souvent les découvertes des hommes de génie n'ont pas pu être utilisées à leur naissance ; mais en admettant que leurs découvertes ne soient utiles qu'à la génération qui les suit, est-ce une raison pour que celle dans laquelle ils vivent ne les récompense point? Et l'humanité continuera-t-elle à laisser en souffrance, ou au moins dans une position inconvenante, des hommes qu'elle s'empresse de déifier après leur mort?

Si à cet égard il n'arrivait pas de grands changements, il serait faux que l'esprit humain fît des progrès.

Chez les nations instruites, les hommes de tout âge font des plantations, tandis que chez les nations ignorantes (chez les Turcs, par exemple), on coupe et on ne plante point. L'arbre planté par le vieillard généreux lui fait éprouver plus de jouissance qu'il n'en procure à celui qui le coupe pour en tirer le produit.

Quoi de plus beau, de plus digne de l'homme,

que de diriger ses passions vers le but unique de l'augmentation de ses lumières! Heureux moments que ceux où l'ambition, ne voyant de grandeur et de gloire que dans l'acquisition de nouvelles connaissances, laissera ces sources impures où elle cherchait à apaiser sa soif. Sources de misères et d'orgueil, qui servaient à désaltérer des ignorants, des héros, des conquérants, des dévastateurs de l'espèce humaine! vous tarirez par abandon, et vos philtres n'enivreront plus ces superbes mortels. Plus d'honneur pour les Alexandre : vivent les Archimède!

Mon ami, quelle époque plus favorable pour produire le projet que vous me communiquez, que celle où le génie engagé dans une lutte avec le despotisme, appelle tous les philanthropes à son secours! Dans la génération qui a pris son développement depuis le commencement de cette lutte, le nombre des automates est sensiblement diminué; le projet sera entendu de beaucoup de monde, le règne des lumières approche : tout homme intelligent, qui a un œil fixé sur le passé et un autre sur l'avenir, en est convaincu.

Le projet contient une idée élémentaire qui pourra servir de base à une organisation générale; ainsi il présente à l'humanité une conception qui lui fera monter sans danger un échelon de plus en abstraction [1].

Qu'il est heureux que le tombeau de Newton, ce lieu de réunion, se trouve en Angleterre, cette contrée qui a été constamment le refuge des hommes de génie, et des savants persécutés chez les autres nations !

Pourrions-nous parler de Newton sans faire observer qu'il reçut du gouvernement, à titre de récompense, le grade de maître des monnaies ; dès lors ce citoyen du monde ne fut plus qu'un Anglais, qui concentra ses forces sur l'emploi qui lui fut confié ; et cet astre, radieux par lui-même, fut présenté à la multitude comme un corps opaque employé à réfléchir les rayons de la lumière royale.

Disons-le hardiment ; tous les hommes de génie auxquels on donnera des places dans les gouvernements, perdront en réalité comme en considération ; car pour remplir les devoirs de leur place, ils négligeront des travaux plus importants pour l'hu-

1. Si l'abbé de Saint-Pierre avait conçu cet établissement et qu'il l'eût indiqué comme moyen d'exécution, on n'aurait pas traité de rêveries ses idées de paix générale. — Autre réflexion : Cette conception donne la solution d'un problème qui de tout temps a été un objet de recherches pour les moralistes : Mettre un homme dans une position telle, que son intérêt personnel et l'intérêt général se trouvent constamment dans la même direction.

manité; ou, s'ils ne peuvent résister à l'impulsion du génie, ils négligeront souvent les devoirs de leur place.

On ne peut éviter cette double chance également fâcheuse pour l'humanité, pour les gouvernements et pour les hommes de génie, qu'en laissant ceux-ci à la seule place que leur assigne l'intérêt bien entendu de tous; il faut qu'ils restent *eux-mêmes*, et que l'humanité se pénètre fortement de cette vérité, qu'ils lui sont donnés pour être ses flambeaux, et non pour être vendus à des intérêts particuliers qui les avilissent et qui les détournent de leurs véritables fonctions.

Le nombre des hommes de génie n'est pas assez considérable pour les détourner de leurs travaux, en les sortant de leur sphère. L'auteur, sachant combien la nature en est avare, ne propose qu'une vingtaine de places pour toute l'humanité. Si pour occuper une de ces places, il fallait indispensablement être homme de génie, il en résulterait que souvent il s'en trouverait de vacantes.

J'approuve l'élection annuelle, avec la faculté de réélire : par ce moyen, les hommes d'un génie transcendant seront à vie, et ceux qui par leur capacité s'en rapprochent le plus seront stimulés autant que possible.

Le mode d'élection est tel, qu'il est impossible aux *passions particulières* d'acquérir la force suffisante pour dominer l'*intérêt général.*

Voilà, mon ami, les premières sensations que la lecture du projet a fait naître en moi.

Maintenant je vous ferai deux questions :

Le projet sera-t-il adopté?

Si le projet est adopté, remédiera-t-il aux maux présents de l'humanité, maux dont la prudence m'interdit de parler?

RÉPONSE

Je vous remercie, mon ami de tout ce que vous me dites d'obligeant en ma qualité d'auteur du projet que je vous ai communiqué. La manière vigoureuse dont votre approbation est motivée dans l'opinion que vous avez pris la peine de mettre par écrit, doit produire un grand effet sur les lecteurs; cette observation calmera, j'espère, l'inquiétude que vous me témoignez de voir mon projet n'être point adopté. J'ai adressé ce projet *directement* à l'humanité, parce qu'il l'intéresse *collectivement*; mais je ne me suis pas laissé aller à la folle espérance de la voir se livrer subitement à son exécution ; j'ai toujours pensé que le succès dépendait de l'action plus ou moins vive que les personnes ayant une grande influence sur l'humanité se détermineraient à exercer dans cette occasion. Pour obtenir leurs suffrages, le meilleur moyen est d'éclaicir la question autant que possible; c'est le but que je me propose en m'adressant à différentes fractions de l'humanité, que je divise en trois classes : la première, celle à laquelle vous et moi avons l'honneur d'appartenir, marche sous l'étendard des progrès de l'esprit humain ; elle est composée des savants, des artistes et de tous les hommes qui ont des idées libérales. Sur la bannière de la seconde, il est écrit : point d'*innovation;* tous les propriétaires qui n'entrent point dans la première sont attachés à la seconde.

La troisième qui se rallie au mot *égalité* renferme le surplus de l'humanité.

Je dirai à la première classe : Toutes les personnes auxquelles j'ai parlé du projet que je présente à l'humanité, après une discussion en général assez courte, ont fini par l'approuver ; toutes m'ont dit qu'elles en désiraient le succès, mais toutes aussi m'ont laissé apercevoir la crainte que ce projet ne réussît point.

D'après la conformité qui s'est manifestée dans leurs opinions, il me paraît vraisemblable que je trouverai tous les hommes, ou au moins la majorité d'entre eux, dans les mêmes dispositions. Si ce pressentiment se réalise, la force d'*inertie* sera la seule qui s'opposera à mes vues.

Savants, artistes, et vous aussi qui employez une partie de vos forces et de vos moyens aux progrès des lumières, vous êtes la partie de l'humanité qui avez le plus d'énergie cérébrale, vous êtes celle qui avez le plus d'aptitude à recevoir une idée neuve, vous êtes le plus directement intéressés aux succès de la souscription : c'est à vous à vaincre la force d'inertie. Allons, mathématiciens, puisque vous êtes en tête, commencez.

Savants, artistes, regardez avec l'œil du génie la situation actuelle de l'esprit humain, vous verrez que le sceptre de l'opinion publique est entré dans vos mains ; saisissez-le donc vigoureusement, vous pouvez faire votre bonheur et celui de vos contemporains ; vous pouvez préserver la postérité des maux que nous avons soufferts et de ceux que nous endurons encore : souscrivez tous.

Je tiendrai ensuite ce langage aux propriétaires de la seconde classe.

Messieurs,

En comparaison des non-propriétaires, vous êtes très-peu nombreux : comment se fait-il donc qu'ils se soumettent à vous obéir? C'est par la raison que la supériorité de vos lumières vous donne sur eux le moyen de faire une combinaison de vos forces, qui vous procure ordinairement l'avantage dans la lutte qui, par la nature des choses, existe nécessairement toujours entre eux et vous.

Ce principe une fois posé, il est évidemment de votre intérêt de mettre dans votre parti les non-propriétaires qui, par des découvertes capitales, constatent la supériorité de leur intelligence; et il est également évident que, l'intérêt étant *général* pour votre classe, *chacun* des membres qui la composent doit contribuer.

Messieurs, j'ai beaucoup vécu avec les savants et avec les artistes, je les ai bien observés dans l'intimité, et je puis vous assurer que ces gens-là vous pousseront jusqu'au point auquel vous vous déterminerez à faire les sacrifices d'amour-propre et d'argent nécessaires pour mettre leurs chefs en première ligne de considération dans l'humanité, et pour leur fournir les moyens pécuniaires dont ils ont besoin pour l'exploitation complète de leurs idées. J'aurais, Messieurs, vis-à-vis de vous, un tort d'exagération, si je vous laissais croire que j'ai trouvé l'intention dont je vous parle, précisée dans la tête des savants et des artistes ; non, Messieurs, non ; je puis même vous dire qu'elle n'y a qu'une existence très-vague ; mais je me suis assuré, par une longue suite d'observations, de la réalité de son existence et de l'influence qu'elle exerce sur toutes leurs conceptions.

Tant que vous n'adopterez pas, Messieurs, la mesure que je vous propose, vous serez exposés, chacun dans votre pays, à des malheurs de la nature de ceux que vient d'éprouver en France la portion de votre classe qui s'y trouvait établie. Pour vous convaincre de ce que je vous dis, il vous suffira de réfléchir sur la marche des événements qui se sont passés dans cette contrée depuis 1789. Le premier mouvement populaire y a été sourdement excité par les savants et par les artistes. Dès que l'insurrection par son succès a eu pris un caractère de légitimité, ils s'en déclarèrent les chefs, la résistance qu'ils éprouvèrent dans la direction qu'ils donnaient à cette insurrection, celle de détruire toutes les institutions qui blessaient leur amour-propre, les poussa à exalter de plus en plus la tête des ignorants, et à rompre tous les liens de subordination qui contenaient les fougueuses passions des non-propriétaires; ils réussirent à faire ce qu'ils voulaient, toutes les institutions qu'ils avaient eu primitivement l'intention de renverser furent nécessairement culbutées; en un mot, ils gagnèrent la bataille et vous la perdîtes. Cette victoire a coûté cher aux vainqueurs; mais vous qui avez été vaincus, vous avez encore bien plus souffert. Quelques savants et quelques artistes, victimes de l'insubordination de leur armée, ont été massacrés par leurs propres soldats Sous le rapport moral, ils ont tous eu à supporter les reproches que vous leur avez faits, avec une apparence de fondement, d'être les auteurs des atrocités commises contre vous et des désordres de toute espèce que l'impulsion barbare de l'ignorance faisait commettre à leur troupe.

Le mal porté à son comble, le remède devint possible; vous n'opposiez plus de résistance; les savants et les artistes, éclairés par l'expérience et reconnaissant votre supériorité en lumières sur les non-propriétaires[1], désiraient voir rentrer dans

1. J'engage le lecteur à peser cette observation : Les propriétaires commandent aux non-propriétaires, non parce qu'ils ont les propriétés, mais ils ont les propriétés et ils commandent parce que, collectivement pris, ils ont supériorité de lumière sur les non-propriétaires.

vos mains la portion de pouvoir nécessaire pour rendre à l'organisation sociale son action régulière. Les non-propriétaires avaient supporté presque en totalité le poids de la famine que les mesures extravagantes auxquelles ils s'étaient livrés avaient fait naître. Ils étaient matés.

La population de France, quoique amenée par la force des choses à un désir vif du retour de l'ordre, ne pouvait être réorganisée seulement que par un homme de génie : Bonaparte l'a entrepris, il y a réussi.

Parmi les idées que je viens de vous présenter, j'ai émis celle que vous aviez perdu la bataille ; s'il vous restait quelque doute à ce sujet, comparez la portion de considération et d'aisance qui se trouve maintenant en France entre les mains des savants et des artistes, avec celle dont ils jouissaient avant 1789.

Évitez, Messieurs, d'avoir querelle avec ces gens-là, car vous serez battus dans toutes les guerres que vous leur laisserez l'occasion d'engager avec vous; vous souffrirez davantage qu'eux pendant les hostilités, et la paix vous sera désavantageuse ; donnez-vous le mérite de faire de bonne grâce une chose que tôt ou tard les savants, les artistes et les hommes ayant des idées libérales, réunis aux non-propriétaires, vous feraient faire de force; souscrivez tous, c'est le seul moyen que vous ayez pour prévenir les maux dont je vous vois menacés.

Puisque cette matière est entamée, ayons le courage de ne pas l'abandonner sans donner un coup d'œil à la situation politique de la partie la plus éclairée du globe.

En Europe, l'action des gouvernements n'est *dans ce moment* troublée par aucune opposition ostensible de la part des gouvernés; mais, vu l'état des opinions en Angleterre, en Allemagne, en Italie, il est facile de prédire que ce calme ne sera pas de longue durée si les précautions nécessaires ne sont pas prises à temps; car, Messieurs, il ne faut pas vous dissimuler que la crise dans laquelle se trouve l'esprit humain est commune à tous les peuples éclairés, et que les symptômes que l'on a observés en France au milieu de l'épouvantable explosion qui s'y est manifestée, sont dans ce moment aperçus, par l'observateur intelligent, chez les Anglais et même chez les Allemands.

Messieurs, en adoptant le projet que je vous propose, vous réduirez les crises que ces peuples sont appelés à essuyer, *sans qu'aucune force au monde puisse l'empêcher*, à de simples changements dans leurs gouvernements et dans leurs finances, et vous leur éviterez cette fermentation générale que la population française a éprouvée; espèce de fermentation pendant laquelle tous les rapports existants entre les individus de la même nation devenant précaires, l'anarchie, le plus grand de tous les fléaux, exerce librement ses ravages, jusqu'à ce point auquel l'état de misère dans lequel elle plonge toute la nation sur laquelle elle s'appesantit, fait naître dans l'âme des plus ignorants de ses membres le désir du rétablissement de l'ordre.

J'aurais l'air, Messieurs, de douter de votre intelligence si j'ajoutais de nouvelles preuves à celles que je viens de vous soumettre, pour vous prouver qu'il est de votre intérêt d'adopter la mesure que je vous propose, sous le rapport des maux qu'elle peut vous éviter.

C'est avec plaisir que je vous présenterai maintenant ce projet sous un point de vue flatteur pour votre amour-propre; considérez-vous comme les *régulateurs* de la marche de l'esprit humain; vous pouvez jouer ce rôle; car si, par la souscription, vous donnez aux hommes de génie considération et aisance, une des conditions insérées dans cette souscription privant les élus d'occuper aucune place dans les gouvernements, vous vous garantirez, ainsi que le reste de l'humanité, de l'inconvénient qu'il y aurait à placer un pouvoir actif entre leurs mains.

L'expérience a prouvé qu'aux conceptions neuves, fortes et justes, qui servent de bases aux découvertes, il se trouve ordinairement, au moment de leur naissance, des idées très-vicieuses mêlées ; malgré cela, souvent l'inventeur, s'il en était le maître, en exigerait l'exécution. Ceci est un cas particulier d'inconvénient ; mais il en existe un absolument général que je vais vous présenter. Toutes les fois qu'une découverte, pour être mise en pratique, a besoin d'habitudes différentes que celles existantes à l'époque à laquelle elle paraît, c'est un trésor dont la génération qui l'a vu naître ne doit jouir que par le sentiment d'affection qu'elle porte à la génération appelée à en profiter.

Je termine le petit discours que je me suis permis de vous adresser, en vous disant :

Messieurs, si vous restez dans la seconde classe, c'est que vous le voulez bien ; car vous êtes les maîtres de monter dans la première.

Parlant ensuite à la troisième classe :

Mes amis,

En Angleterre, il y a beaucoup de savants. Les

Anglais instruits ont plus de respect pour les savants que pour les rois; tout le monde sait lire, écrire et compter en Angleterre. Eh bien ! mes amis, dans ce pays, les ouvriers des villes et même ceux des campagnes mangent de la viande tous les jours.

En Russie, quand un savant déplaît à l'empereur, on lui coupe le nez et les oreilles, et on l'envoie en Sibérie. En Russie, les paysans sont aussi ignorants que leurs chevaux. Eh bien ! mes amis ! les paysans russes sont mal nourris, mal vêtus et reçoivent force coups de bâton.

Jusqu'à présent, les gens riches n'ont guère eu d'autres occupations que celle de vous commander; forcez-les à s'éclairer et à vous instruire ; ils font travailler vos bras pour eux, faites travailler leurs têtes pour vous ; rendez-leur le service de les décharger du pesant fardeau de l'ennui ; ils vous payent avec de l'argent, payez-les avec de la considération : c'est une monnaie bien précieuse que celle de la considération ; heureusement que le plus pauvre en possède un peu ; dépensez bien celle qui se trouve à votre disposition, et votre sort s'améliorera promptement.

Pour vous mettre à portée de juger le conseil que je vous donne, pour vous faire apercevoir les avantages qui peuvent résulter de la mise à exécution du projet que je présente à l'humanité, il est nécessaire que j'entre dans quelques détails : je me bornerai à ceux qui me paraîtront indispensables.

Un savant, mes amis, est un homme qui prévoit ; c'est par la raison que la science donne le moyen de prédire qu'elle est utile, et que les savants sont supérieurs à tous les autres hommes.

Tous les phénomènes dont nous avons connaissance ont été partagés en différentes classes : phénomènes astronomiques, physiques, chimiques, physiologiques. Tout homme qui se livre aux sciences s'attache plus particulièrement à une de ces parties qu'aux autres.

Vous connaissez quelques-unes des prédictions que font les astronomes, vous savez qu'ils annoncent les éclipses ; mais ils font une multitude d'autres prédictions dont vous ne vous occupez pas, et dont je ne chercherai pas à vous entretenir ; je me bornerai à vous dire deux mots de l'emploi qu'on en fait, l'utilité vous en est bien connue.

C'est par le moyen des prédictions des astronomes qu'on est venu à bout de déterminer d'une manière exacte la position respective des différents points de la terre ; ce sont aussi leurs prédictions qui donnent les moyens de naviguer sur les mers les plus étendues. Vous êtes familiers avec quelques-unes des prédictions des chimistes. Un chimiste vous dit qu'avec telle pierre vous ferez de la chaux, et qu'avec telle autre vous ne pourrez pas en faire ; il vous dit qu'avec telle quantité de cendres provenant d'un arbre de telle espèce, vous blanchirez aussi bien votre linge que vous pourriez le faire avec une quantité tant de fois plus considérable provenant d'un arbre de telle autre espèce ; il vous dit que telle substance, mélangée avec telle autre, donnera un produit qui aura telle apparence et qui jouira de telle qualité.

Le physiologiste s'occupe des phénomènes des corps organisés ; le physiologiste, dans le cas par exemple où vous êtes malades, vous dit : Vous éprouvez telle chose aujourd'hui ; eh bien ! demain vous serez dans tel état.

N'allez pas croire que je désire vous donner l'idée que les savants peuvent tout prévoir ; non, sûrement, ils ne peuvent pas tout prévoir, et je suis même certain qu'ils ne peuvent prédire avec exactitude qu'un très-petit nombre de choses ; mais vous vous êtes convaincus tout comme moi que les savants, chacun dans sa partie, sont les hommes qui peuvent prédire le plus de choses ; et cela est bien certain, puisqu'ils n'acquièrent la réputation de *savants* que par les *vérifications* qui se font de leurs *prédictions ;* c'est au moins ainsi que cela se passe aujourd'hui, il n'en a pas toujours été de même. Ceci exige que nous donnions un coup d'œil aux progrès de l'esprit humain; malgré les efforts que je vais faire pour m'exprimer clairement, je ne suis pas parfaitement sûr que vous m'entendrez à la première lecture; mais en y réfléchissant un peu vous en viendrez à bout.

Les premiers phénomènes que l'homme ait observés d'une manière suivie ont été les phénomènes astronomiques ; il y a une bonne raison pour qu'il ait commencé par ceux-là, c'est qu'ils sont les plus simples. Dans le commencement des travaux astronomiques, l'homme *mêlait* les faits qu'il *observait* avec ceux qu'il *imaginait*, et dans ce galimatias élémentaire, il faisait les meilleures combinaisons qu'il pouvait pour satisfaire toutes les demandes de prédiction ; il s'est successivement débarrassé des faits créés par son imagination, et, après bien des travaux, il a fini par adopter une marche certaine pour perfectionner cette science. Les astronomes n'ont plus *admis* que les faits constatés par l'observation; ils ont *choisi* le système qui les liait le mieux, et depuis cette époque, ils n'ont plus fait faire de faux pas à la science. Produit-on un système nouveau ; ils vérifient, avant de l'admettre, s'il lie mieux les faits que celui qu'ils avaient adopté. Produit-on un fait nouveau, ils s'assurent par l'*observation* si ce fait existe.

L'époque dont je parle, la plus mémorable que présente l'histoire des progrès de l'esprit humain, est celle à laquelle les astronomes ont chassé les astrologues de leur société. Une autre remarque qu'il faut que je vous fasse, c'est qu'à partir de cette époque, les astronomes sont devenus modestes, bonnes gens, ne cherchant plus à paraître savoir ce qu'ils ignoraient, et que de votre côté vous avez cessé de leur faire la demande impertinente de lire votre destinée dans les astres.

Les phénomènes chimiques étant plus compliqués que les phénomènes astronomiques, l'homme ne s'en est occupé que longtemps après. Dans l'étude de la chimie il est tombé dans les fautes qu'il avait commises dans l'étude de l'astronomie, mais enfin les chimistes se sont débarrassés des alchimistes.

La physiologie se trouve encore dans la mauvaise position par laquelle ont passé les sciences astrologiques et chimiques; il faut que les physiologistes chassent de leur société les *philosophes*, les *moralistes* et les *métaphysiciens*, comme les astronomes ont chassé les astrologues, comme les chimistes ont chassé les alchimistes [1].

Mes amis, nous sommes des corps organisés; c'est en considérant comme phénomènes physiologiques nos relations sociales que j'ai conçu le projet que je vous présente, et c'est par des considérations puisées dans le système que j'emploie pour lier les faits physiologiques que je vais vous

1. Je n'ai pas l'intention de dire que les philosophes, les moralistes et les métaphysiciens n'ont pas rendu de services à la physiologie; mais il est bien connu que les astrologues ont été utiles à l'astronomie, que les alchimistes ont fait une grande partie des découvertes chimiques; et cependant tout le monde pense que les astronomes ont fait une bonne opération en se séparant des astrologues, et les chimistes une également bonne en se débarrassant des alchimistes.

Il reste une idée à éclaircir : les occupations principales des philosophes, des moralistes, des métaphysiciens, sont d'étudier les rapports qui existent entre les phénomènes appelés physiques et ceux appelés moraux. Quand ils ont du succès dans cette partie, leurs travaux doivent s'appeler physiologiques; mais ils cherchent aussi à lier tous les faits observés par un système général; il m'est démontré que cela sera impossible jusqu'à l'époque à laquelle la physiologie sera mise dans l'ordre que j'ai détaillé au sujet de l'astronomie.

J'ajouterai que les mathématiques contiennent les seuls matériaux qu'on puisse employer à la construction d'un système général, et que si le calcul est impossible à appliquer aux phénomènes qu'on ne peut pas ramener à des considérations très-simples, il ne me paraît pas qu'on doive par cette raison renoncer à l'espoir de rattacher, par des aperçus satisfaisants, les idées qui servent de bases aux théories des différentes branches de la physique, à l'idée de la pesanteur universelle.

démontrer la bonté du projet que je vous présente.

Un fait constaté par une longue série d'observations, c'est que chaque homme éprouve à un degré plus ou moins vif le désir de dominer tous les autres hommes[1]. Une chose claire par le raisonnement, c'est que tout homme qui n'est pas isolé se trouve *actif et passif en domination* dans ses relations avec les autres, et je vous engage à faire usage de la petite portion de domination que vous exercez sur les gens riches..... Mais avant que d'aller plus loin il faut que j'examine avec vous une chose qui vous chagrine beaucoup : vous dites, *nous sommes dix fois, vingt fois, cent fois plus nombreux que les propriétaires, et cependant les propriétaires exercent sur nous une domination bien plus grande que celle que nous exerçons sur eux.* Je conçois, mes amis, que vous soyez très-contrariés ; mais remarquez que les propriétaires, quoique inférieurs en nombre, possèdent plus de lumières que vous, et que, pour le bien général, la domination doit être répartie dans la proportion des lumières. Regardez ce qui est arrivé en France

1. Deux routes peuvent mener un homme à une position de supériorité; une de ces routes est commune à l'intérêt particulier et à l'intérêt général : mon but est d'embellir cette route et de semer quelques épines sur l'autre.

pendant le temps que vos camarades y ont dominé, ils y ont fait naître la famine.

Revenons au projet que je vous propose. En l'adoptant et en en maintenant l'exécution, vous mettrez constamment entre les mains des vingt et un hommes de l'humanité qui auront le plus de lumières les deux grands moyens de dominer : la considération et l'argent. Il en résultera, par mille raisons, que les sciences feront des progrès rapides. Il est reconnu qu'à chaque pas que les sciences font en avant, leur étude devient plus facile : ainsi ceux qui, comme vous, ne peuvent consacrer que peu de temps à leur éducation, pourront apprendre plus de choses, et en devenant plus instruits ils diminueront la portion de domination exercée sur eux par les riches. Vous ne tarderez pas, mes amis, à voir de beaux résultats; mais je ne veux pas employer le temps à vous parler de ce qui se trouve à quelque distance sur une route dans laquelle vous n'êtes pas encore déterminés à entrer, jasons de ce qui existe dans ce moment sous vos yeux.

Vous accordez considération, c'est-à-dire vous donnez volontairement une portion de domination sur vous aux hommes qui font des choses que vous jugez vous être utiles; un tort que vous partagez avec toute l'humanité, c'est de n'avoir pas tracé une ligne de démarcation suffisamment exacte entre les choses d'une utilité momentanée et celles d'une utilité durable, entre celles d'un intérêt local et celles d'un intérêt général, entre celles qui procurent des avantages à une portion de l'humanité aux dépens du surplus, et celles qui augmentent le bonheur de toute l'humanité. Enfin vous n'avez pas encore bien remarqué qu'il n'existe qu'un seul intérêt commun à tous les hommes, celui du progrès des sciences.

Le maire de votre village vous procure-t-il un avantage sur les villages voisins : vous êtes enchantés de lui, vous le considérez, les habitants des villes manifestent de la même manière le désir d'exercer leur supériorité sur les villes des environs; les provinces rivalisent entre elles, et il existe entre les nations, pour leur intérêt personnel, des luttes que l'on appelle guerres [1]. Dans les efforts faits par toutes ces fractions de l'humanité, quelle est la portion qui a une tendance *directe* au bien général? Elle est bien petite, en vérité; et cela n'est pas étonnant, puisque l'humanité n'a pris encore aucune mesure pour accorder *collectivement* des récompenses à ceux qui réussissent à

1. Les moralistes se mettent en contradiction quand ils dé-

faire des travaux d'une utilité générale. Pour réunir autant que possible en un seul faisceau toutes ces forces agissant dans des directions si variées, et souvent contraires; pour les ramener autant que possible à la seule direction qui puisse améliorer le sort de l'humanité, je ne crois pas qu'on puisse trouver un meilleur moyen que celui que je vous propose. En voilà pour ce moment assez sur les savants; parlons des artistes.

Les dimanches, l'éloquence a pour vous des charmes, vous avez du plaisir à lire un livre bien écrit, à voir de beaux tableaux, de belles statues, ou bien encore à entendre une musique capable de fixer

fendent à l'homme l'égoïsme et qu'ils approuvent le patriotisme; car le patriotisme n'est pas autre chose que l'égoïsme national; et cet égoïsme fait commettre de nation à nation les mêmes injustices que l'égoïsme personnel entre les individus.

Les opinions sont encore partagées sur la question de l'égoïsme : quoique la discussion soit ouverte sur ce sujet et suivie avec chaleur depuis le commencement du monde, la solution du problème consiste à ouvrir une route qui soit commune à l'intérêt particulier et à l'intérêt général. La conservation des corps organisés tient à l'égoïsme; tous les efforts pour *combiner* les intérêts des hommes sont des tentatives faites dans une bonne direction; toute la partie des raisonnements des moralistes qui dépasse la combinaison des intérêts, et qui tend à détruire l'égoïsme, présente une série d'erreurs dont il est facile de reconnaître la cause *Les moralistes prennent souvent les mots pour les choses.* La première génération de l'humanité a été celle dans laquelle il y a eu le plus d'égoïsme personnel, puisque les individus ne combinaient point leurs intérêts.

votre attention. Pour parler ou pour écrire d'une manière qui vous amuse, pour faire un tableau ou une statue qui vous plaise, pour composer de la musique qui vous intéresse, il faut beaucoup travailler. N'est-il pas bien juste, mes amis, que vous récompensiez les artistes qui remplissent l'intervalle de vos occupations par les plaisirs les plus propres à développer votre intelligence, en l'exerçant sur les nuances les plus délicates de vos sensations ?

Souscrivez tous, mes amis, quelque peu d'argent que vous mettiez à la souscription, vous êtes si nombreux que la somme totale sera considérable; d'ailleurs la considération dont se trouveront investis ceux que vous nommerez, leur donnera une force incalculable. Vous verrez comme les gens riches se démèneront pour se distinguer dans les sciences et dans les arts, lorsque cette route conduira *au plus haut degré de considération*. Quand vous n'y gagneriez que de les détourner des querelles que le désœuvrement fait naître entre eux, seulement pour savoir quelle quantité d'entre vous se trouvera sous leurs ordres, querelles dans lesquelles ils vous mêlent toujours, et dont vous êtes toujours les dupes, ce serait déjà beaucoup.

Si vous admettez mon projet, il y aura une chose qui vous embarrassera, ce sont les choix. Je vais vous dire, mes amis, la marche que je suivrai pour faire les miens. Je demanderai à tous les mathématiciens que je connais quels sont, à leur jugement, les trois meilleurs mathématiciens, et je nommerai les trois mathématiciens qui auront obtenu le plus de voix de la part des personnes que j'aurai consultées. Je ferai de même pour les physiciens, etc.

Après avoir divisé l'humanité en trois fractions, et avoir présenté à chacune d'elles les raisons qui me paraissent devoir les engager à adopter le projet, je vais maintenant, mon ami, m'adresser à mes contemporains collectivement, pour leur présenter les réflexions que j'ai faites sur la révolution française.

La suppression des priviléges de naissance a exigé des efforts qui avaient rompu les liens de l'organisation ancienne, et n'a point été un obstacle à la réorganisation sociale; mais l'appel qui avait été fait à tous les membres de la société, de remplir fréquemment les fonctions de délibérants, a été sans succès. Indépendamment des atrocités épouvantables que cette application du principe d'égalité [1] a

1. Comme dans l'édition donnée par Ol Rodrigues, nous supprimons une note relative à l'aptitude des nègres. (*Note des éditeurs.*)

fait commettre par l'effet bien naturel qu'elle a produit, celui de mettre le pouvoir entre les mains des ignorants, elle a fini par engendrer une forme de gouvernement absolument impraticable, par la raison que les gouvernants, *tous payés en fin d'admettre les non-propriétaires*, étaient tellement multipliés que le travail des gouvernés pouvait à peine suffire à les nourrir, ce qui menait à un résultat absolument opposé au désir le plus constant des non-propriétaires, celui de payer peu d'impôts.

Voici une idée qui me paraît juste. Les premiers besoins de la vie sont les plus impérieux; les non-propriétaires ne peuvent les satisfaire qu'incomplétement. Un physiologiste voit clairement que leur désir le plus constant doit être celui de la diminution de l'impôt, ou de l'augmentation de salaire, ce qui revient au même.

Je crois que toutes les classes de la société se trouveraient bien de cette organisation : le pouvoir spirituel entre les mains des savants; le pouvoir temporel entre les mains des propriétaires; le pouvoir de nommer ceux appelés à remplir les fonctions de grands chefs de l'humanité, entre les mains de tout le monde; pour salaire aux gouvernants, la considération.

A demain, mon ami, je crois qu'en voilà assez pour aujourd'hui.

— —

Est-ce une apparition? N'est-ce qu'un rêve? Je l'ignore; mais je suis certain d'avoir éprouvé les sensations dont je vais vous rendre compte.

La nuit dernière, j'ai entendu ces paroles :

Rome renoncera à la prétention d'être le chef-lieu de mon Eglise; le pape, les cardinaux, les évêques et les prêtres cesseront de parler en mon nom; l'homme rougira de l'impiété qu'il commet en chargeant de tels imprévoyants de me représenter.

J'avais défendu à Adam de faire la distinction du bien et du mal, il m'a désobéi; je l'ai chassé du paradis, mais j'ai laissé à sa postérité un moyen d'apaiser ma colère : qu'elle travaille à se perfectionner dans la connaissance du bien et du mal, et j'améliorerai son sort; un jour viendra que je ferai de la terre un paradis.

Tous ceux qui ont établi des religions en avaient reçu de moi le pouvoir; mais ils n'ont pas bien compris les instructions que je leur avais données ; ils ont tous cru que je leur avais confié ma divine science ; leur amour-propre les a conduits à tracer une ligne de démarcation entre le bien et le mal dans les actions les plus minutieuses de la vie de l'homme, et ils ont tous négligé la partie la plus essentielle de leur mission, celle de fonder un établissement qui fît suivre à l'intelligence humaine la route la plus courte pour se rapprocher indéfiniment de ma divine prévoyance ; ils ont tous oublié de prévenir les ministres de mes autels que je leur retirerais le pouvoir de parler en mon nom quand ils cesseraient d'être plus savants que le troupeau qu'ils conduiraient, et qu'ils se laisseraient dominer par le pouvoir temporel.

Apprends que j'ai placé *Newton* à mes côtés, que je lui ai confié la direction de la lumière et le commandement des habitants de toutes les planètes.

La réunion des vingt-un élus de l'humanité prendra le nom de conseil de *Newton ;* le conseil de Newton me représentera sur la terre ; il partagera l'humanité en quatre divisions, qui s'appelleront Anglaise, Française, Allemande, Italienne; chacune de ces divisions aura un conseil composé de même que le conseil en chef. Tout homme, quelque partie du globe qu'il habite, s'attachera à une de ces divisions, et souscrira pour le conseil en chef et pour celui de sa division.

LES FEMMES SERONT ADMISES A SOUSCRIRE ; ELLES POURRONT ÊTRE NOMMÉES.

Les fidèles, après leur mort, seront traités comme ils auront mérité de l'être pendant leur vie.

Les membres des conseils de division n'entreront en fonction qu'après en avoir reçu l'autorisation du conseil en chef. Ce conseil n'admettra point ceux qu'il ne jugera pas à la hauteur des connaissances les plus transcendantes acquises dans la partie pour laquelle ils auront été élus.

Les habitants d'une partie du globe quelconque, quelles que soient sa situation et sa dimension, pourront à quelque époque que ce soit se déclarer section d'une des divisions, et élire un conseil particulier de Newton Les membres de ce conseil ne pourront entrer en fonction qu'après en avoir reçu l'autorisation du conseil de division. Il y aura une députation permanente de chacun des conseils de division auprès du conseil en chef : il y en aura une également de chaque conseil de section, auprès du conseil de sa division. Ces députations seront composées de sept membres, un de chaque classe.

Dans tous les conseils, le *mathématicien* qui aura obtenu le plus de voix présidera.

Tous les conseils seront partagés en deux divisions; la première sera composée des quatre premières classes, et la seconde des trois dernières. Lorsque la seconde division s'assemblera séparément, elle sera présidée par le *littérateur* qui aura obtenu le plus de voix.

Chaque conseil fera bâtir un temple qui contiendra un mausolée en l'honneur de Newton. Ce temple sera divisé en deux parties; l'une, qui contiendra le mausolée, sera embellie par tous les moyens que les artistes pourront inventer; l'autre sera construite et décorée de manière à donner aux hommes une idée du séjour destiné pour une éternité à ceux qui nuiront aux progrès des sciences et des arts.

La première division réglera le culte *intérieur* du mausolée.

La seconde division du conseil réglera le culte *extérieur;* elle le combinera d'une manière qui présente un spectacle majestueux et brillant. Tous les services distingués rendus à l'humanité, toutes les actions qui auront été grandement utiles à la propagation de la foi, seront honorés; le conseil réuni déterminera les honneurs qui seront accordés.

Tout fidèle qui se trouvera éloigné de moins d'une journée de marche d'un temple, descendra une fois par an dans le mausolée de Newton, par une ouverture consacrée à cette destination.

Les enfants y seront apportés par leurs parents le plus tôt possible après leur naissance.

Toute personne qui n'exécutera pas ce

commandement sera regardé par les fidèles comme un ennemi de la religion.

Si Newton juge qu'il soit nécessaire, pour remplir mes intentions, de transporter dans une autre planète le mortel descendu dans son mausolée, il le fera.

Dans les environs du temple, il sera bâti des laboratoires, des ateliers et un collége : tout le luxe sera réservé pour le temple ; les laboratoires, les ateliers, le collége, les logements des membres du conseil et ceux destinés à recevoir les députations des autres conseils, seront construits et décorés dans un mode simple. La bibliothèque ne contiendra jamais plus de cinq cents volumes.

Tous les ans chaque membre du conseil nommera cinq personnes :

1° Un adjoint, qui aura droit de séance et voix délibérative, en l'absence du membre par lequel il aura été nommé.

2° Un ministre du culte, destiné à officier dans les grandes cérémonies, pris dans les cinq cents plus forts souscripteurs,

3° Une personne ayant par ses travaux été

utile aux progrès des sciences et des arts.

4° Une personne ayant fait des applications utiles des sciences et des arts.

5° Une personne à laquelle ils voudront donner une preuve d'affection particulière.

Ces nominations ne seront valables qu'après avoir été admises par la majorité du conseil, elles auront lieu tous les ans, et les personnes en faveur desquelles elles seront faites n'en jouiront que pendant un an; elles pourront être réélues.

Le président de chaque conseil fera la nomination d'un gardien du territoire sacré qui renfermera le temple et ses dépendances.

Le gardien du territoire sacré sera chargé de la police; il sera trésorier, et il administrera les dépenses, le tout sous les ordres du conseil. Ce gardien sera pris dans les cent plus forts souscripteurs; il aura droit de séance dans le conseil; sa nomination ne sera valable qu'après avoir été approuvée par la majorité du conseil.

Il sera établi des marques distinctives pour les membres des conseils et pour les personnes nommées par eux. Ces marques distinctives seront de nature à être ostensibles ou cachées, à la volonté de ceux qui auront le droit de les porter.

Le conseil en chef aura dans chaque division un établissement, il résidera alternativement une année dans chaque division.

Un homme revêtu d'un grand pouvoir sera le fondateur de cette religion; pour récompense, il aura le droit d'entrer dans tous les conseils, et celui de les présider. Il gardera ce droit toute sa vie; et à sa mort il sera enterré dans le tombeau de Newton.

TOUS LES HOMMES TRAVAILLERONT; ils se regarderont tous comme des ouvriers attachés à un atelier dont les travaux ont pour but de rapprocher l'intelligence humaine de ma divine prévoyance. Le conseil en chef de Newton dirigera les travaux; il fera ses efforts pour bien comprendre les effets de la pesanteur universelle : elle est la loi unique à laquelle j'ai soumis l'univers.

Le conseil en chef aura le droit d'augmenter ou de diminuer le nombre des conseils de division.

Tous les conseils de Newton respecteront la ligne de démarcation qui sépare le pouvoir spirituel du pouvoir temporel.

Aussitôt que les élections du conseil en chef et des conseils de division auront été effectuées, le fléau de la guerre abandonnera l'Europe pour n'y jamais reparaître.

Apprends que les Européens sont les enfants d'Abel; apprends que l'Asie et l'Afrique sont habitées par la postérité de Caïn. Vois comme ces Africains sont sanguinaires; remarque l'indolence des Asiatiques; ces hommes impurs n'ont point donné de suite aux premiers efforts qu'ils ont faits pour se rapprocher de ma divine prévoyance. Les Européens réuniront leurs forces, ils délivreront leurs frères grecs de la domination des Turcs. Le fondateur de la religion sera le directeur en chef des armées des fidèles. Ces armées soumettront les enfants de Caïn à la religion, et feront sur toute la terre les établissements nécessaires à la sûreté des membres des conseils de Newton, dans tous les voyages qu'ils jugeront utiles de faire pour les progrès de l'esprit humain.

DORS.

A mon réveil j'ai trouvé ce que vous venez de lire très-distinctement gravé dans ma mémoire.

SECONDE LETTRE

C'est Dieu qui m'a parlé : Un homme aurait-il pu inventer une religion supérieure à toutes celles qui ont existé? Il faudrait supposer qu'aucune d'elles n'a été instituée par la divinité; regardez comme le précepte est clair dans la religion qui m'a été révélée, voyez comme son exécution est assurée. L'obligation est imposée à chacun de donner constamment à ses forces personnelles une direction utile à l'humanité; les bras du pauvre continueront à nourrir le riche, mais le riche reçoit le commandement de faire travailler sa cervelle, et si sa cervelle n'est pas propre au travail, il sera bien obligé de faire travailler ses bras; car Newton ne laissera sûrement pas sur cette planète, une des plus voisines du soleil, des ouvriers volontairement inutiles dans l'atelier.

Nous ne verrons plus la religion avoir pour ministres des hommes pourvus du droit de nommer les chefs de l'humanité, ce seront tous les fidèles qui nommeront leurs guides, et les qualités auxquelles ils reconnaîtront ceux que Dieu a appelés à le représenter ne seront plus d'insignifiantes vertus, telles que la chasteté et la continence; ce seront les talents, ce sera le plus haut degré de talents.

Je ne m'étendrai pas davantage à ce sujet; tout homme qui croit à la révélation sera nécessairement convaincu que Dieu seul a pu donner à l'humanité le moyen de forcer chacun de ses membres à suivre le précepte de l'amour du prochain.

P. S. Je compte vous écrire une lettre dans laquelle j'envisagerai la religion comme une invention humaine, que je considérerai comme étant la seule nature d'institution politique qui tende à l'organisation générale de l'humanité. Les risques auxquels je sens que je vais me trouver exposé pour vous avoir engagé à faire descendre les gouvernants en seconde ligne de considération[1], m'engagent à prendre la précaution de vous communiquer sur-le-champ l'idée la plus capitale de celles qui doivent entrer dans le travail que je vous annonce.

Faites la supposition que vous avez acquis connaissance de la manière dont la matière s'est trouvée répartie à une époque quelconque, et que vous avez fait le plan de l'univers en désignant par des nombres la quantité de matière qui se trouvait contenue dans chacune de ses parties; il sera clair à vos yeux qu'en faisant sur ce plan application de la loi de la pesanteur universelle, vous pourriez prédire, aussi exactement que l'état des connaissances mathématiques vous le permettrait, tous les changements successifs qui arriveraient dans l'univers.

Cette supposition placera votre intelligence dans une position dans laquelle tous les phénomènes se présenteront à elle sous les mêmes apparences; car en examinant sur le plan de l'univers la partie

1. Le pouvoir temporel descendra tout naturellement en seconde ligne de considération, quand le pouvoir spirituel rentrera dans les mains des savants*.

* Nous conservons cette note qu'Olinde Rodrigues, dans son édition, avait supprimée. Il nous semble bien de laisser voir par quelles phases ont passé les idées de l'homme de génie dont nous publions les travaux. (*Note des éditeurs.*)

de l'espace occupée par votre individu, vous ne trouverez point aux phénomènes que vous avez appelés *moraux*, et à ceux que vous avez appelés *physiques*, un caractère différent.

L'indication que je viens de vous donner est suffisante pour que l'idée soit entendue par les mathématiciens.

Me voilà bien content, mes chers contemporains : la partie la plus capitale de mon travail est arrivée à bon port, puisque je l'ai remise entre vos mains ; vous avez maintenant un plan d'organisation générale qui n'exige, pour son exécution, que de légers changements aux habitudes contractées, puisqu'il n'offre dans toutes ses parties que des modifications aux idées admises ; je viens de dire aux savants la position dans laquelle je me suis placé pour faire cette combinaison ; ainsi, quelque chose qui m'arrive, si ce que j'ai conçu est bon vous pourrez en tirer parti. En cas que force majeure m'empêche de faire le travail de rédaction des idées intermédiaires, avec un peu de méditation, tout homme pour lequel la conception de la pesanteur universelle sera une sensation claire, et qui sera au courant des connaissances physiologiques, les observations sur les progrès de l'esprit humain comprises, pourra facilement les établir.

1807

Ce n'est pas ici le lieu de parler des débats survenus entre Saint-Simon et M. de Redern ; mais nous devons mentionner pour mémoire la correspondance née de ces débats, ou du moins la partie de cette correspondance qui a pu être retrouvée.

— CORRESPONDANCE ENTRE M. DE SAINT-SIMON ET M. DE REDERN. *Première lettre ;* Paris, ce 21 mai 1807. — *Deuxième lettre ;* Paris, ce 22 juin 1807. — *Réponse* de M. de Redern ; Flers, le 29 juillet 1807. — *Réponse* de M. de Saint-Simon ; Paris, ce 1er août 1807. — *Réponse* de M. de Redern ; Flers, ce 6 août 1807. — Lettre de M. de Saint-Simon à M. le sénateur Boissy-d'Anglas ; Paris, ce 2 novembre 1807. Les cinq premières lettres forment une brochure in-4° de quatorze pages, publiée en 1808. La lettre à M. Boissy-d'Anglas est intitulée *deuxième partie*[1], parce que c'est la suite des cinq premières lettres.

Dans un manuscrit que nous avons eu entre les mains, manuscrit qui comprenait les deux parties, la pagination se suivait. Il paraît que M. Boissy-d'Anglas s'est opposé à l'impression de cette pièce où son nom figurait, elle se termine par ces mots :

1. En tête on lit : *Affaire entre M. de Saint-Simon et M. de Redern.*

« Je vous rendrai compte, monsieur le sénateur, » dans une seconde lettre, de la discussion qui a » eu lieu entre M. de Redern et moi. Je termi- » nerai celle-ci par un tableau comparatif que » M. Demoigny, mon secrétaire, a imaginé de » faire, de la conduite de M. de Redern et de la » mienne. »

Ce tableau manquait au manuscrit.

La suite de ces débats sera mentionnée sous l'année 1812. Pendant que Saint-Simon était obligé de correspondre d'une manière si pénible avec son ancien associé, il commençait la publication d'un travail qui devait lui attirer des déboires d'un autre genre.

— Introduction aux travaux scientifiques du xixe siècle. In-4°, Paris, de l'imprimerie française et allemande de J.-L. Scherff, rue des Bons-Enfants, n° 30, 1807.

On ne lit pas t. I sur le titre, et le texte s'arrête à la page 176. On dirait que Saint-Simon, pendant le cours de l'impression, s'est décidé à publier cet ouvrage en deux volumes; ce qui est certain, c'est que le titre et les seize premières pages sont changés dans l'édition de 1808, mais, de la page 17 à la page 176 de cette édition, tout, dans le premier volume, reste identique à ce point qu'évidemment, les feuilles tirées en 1807 ont formé, à partir de la page 17, le commencement du premier volume de l'édition publiée en 1808. On y retrouve même les fautes d'impression (p. 114).

Nous n'en dirons pas davantage sur l'édition incomplète, ou plutôt interrompue, de 1807. On trouve en tête un plan de travail que M. Lemonnier a réimprimé p. 45 à 52 du t. I de ses *Œuvres choisies*.

1808

— Introduction aux travaux scientifiques du xixe siècle. Deux volumes in-4°, imprimés chez Scherff, rue des Bons-Enfants n° 30, et tirés à cent exemplaires seulement, pour être distribués aux membres de l'Institut.

Le *premier volume* forme 384 pages. L'exemplaire que nous possédons est celui que Saint-Simon adressa à M. de Lacépède; nous avons placé, en tête, la lettre du 11 juin 1808 dans laquelle ce savant naturaliste le remercie de son envoi et lui dit qu'il va lire l'ouvrage « avec tout l'empressement qu'inspirent la gran- » deur du sujet et le nom de l'auteur. »—Au bas du faux-titre, on lit ces mots signés P. Enfantin : « Cet exemplaire est sorti » *non coupé*, en 1826, de la bibliothèque de M. de Lacépède. »

Le *second volume* forme 137 pages.

Une remarquable analyse de ces deux volumes est le sujet de deux articles rédigés par Olinde Rodrigues et publiés en 1826 dans *Le Producteur* (t. III, p. 86 à 109, et p. 281 à 304). L'édition en trois volumes que M. Ch. Lemonnier a donnée en 1859 sous le nom d'*OEuvres choisies de Saint-Simon* reproduit, dans le tome I, les deux volumes de l'*Introduction aux travaux scientifiques;* les éditeurs n'ont supprimé que le discours d'introduction de l'Encyclopédie du xviiie siècle, discours dû, comme on sait, à la plume de D'Alembert, et que Saint-Simon avait cru devoir citer en entier. Ce discours occupe de la page 163 à la page 372 de son premier volume.

Les deux volumes de l'*Introduction* furent remis au *Bureau des longitudes* le 14 juin 1808. L'accueil, plus que froid, fait par ce corps savant au travail de Saint-Simon, amena la correspondance suivante :

— Lettres au bureau des longitudes.

Saint-Simon donne en tête une Préface ainsi conçue :

PRÉFACE.

Beaucoup de personnes s'attachant à juger le personnel des auteurs vivants avant d'examiner les idées qu'ils produisent, j'ai cru devoir placer l'histoire abrégée de ma vie, en tête de mon travail.

HISTOIRE DE MA VIE.

Première partie.

Je suis entré au service en 1777. Je partis pour l'Amérique en 1779; j'y ai servi sous les ordres de M. de Bouillé et sous ceux de Washington.

A la paix, j'ai présenté, au vice-roi du Mexique, le projet d'établir, entre les deux mers, une communication qui est possible en rendant navigable la rivière *in partido*, dont une bouche verse dans notre Océan, tandis que l'autre se décharge dans la mer du Sud. Mon projet ayant été froidement accueilli, je l'ai abandonné.

De retour en France, je fus fait colonel; je n'avais pas encore vingt-trois ans. Le désœuvrement dans lequel je me trouvai ne tarda pas à me déplaire; je partis pour la Hollande, en 1785.

M. le duc de la Vauguyon, ambassadeur de France en Hollande, avait soustrait ce pays à l'influence anglaise; il avait déterminé les États Généraux à combiner avec la France une expédition contre les colonies de l'Inde appartenant aux Anglais. M. le comte de Bouillé devait commander cette expédition, dans laquelle ma place éta honorablement marquée. J'ai poursuivi ce projet, qui a échoué par la maladresse de M. de Verrac, successeur de M. de la Vauguyon.

Revenu en France en 1786, j'en partis pour l'Espagne en 1787. Le gouvernement espagnol avait entrepris un canal qui devait faire communiquer Madrid à la mer; mais il manquait d'ouvriers et d'argent pour exécuter ce projet.

Je me concertai avec le comte de Cabarrus (aujourd'hui ministre des finances), et nous présentâmes au gouvernement le projet suivant :

M. le comte de Cabarrus proposait, au nom de la banque Saint-Charles, dont il était directeur, de fournir au gouvernement les fonds nécessaires pour l'exécution du canal, si le roi voulait abandonner à la banque le droit de péage qu'il fixerait; j'offris de lever une légion de six mille étrangers, dont deux mille resteraient toujours en garnison, tandis que les quatre autres mille travailleraient au canal. L'habillement et les frais d'hôpitaux seulement auraient été à la charge du gouvernement. La paie des travailleurs aurait suffi aux autres dépenses de ce corps [1].

La Révolution française est survenue, elle a empêché l'exécution de ce projet.

De retour en France (à la fin de 1789), je me livrai à des spéculations financières; je m'associai un Prussien, nommé le comte de Redern [2].

1. L'édition Rodrigues (1re livraison, p. XVIII) ajoute ici : « de manière qu'avec une somme extrêmement modique, le roi » d'Espagne aurait confectionné le plus beau et le plus utile » canal qu'il y eût en Europe; il aurait augmenté son armée de » six mille hommes, et accru ses États d'une classe qui serait » nécessairement devenue laborieuse et industrieuse. »

2. Nous avons sous les yeux un manuscrit entièrement de la main de Saint-Simon, dans lequel ce paragraphe est un peu plus développé; on y lit : « La Révolution française était commencée » lorsque je revins en France, je ne voulus pas m'en mêler, par » des raisons que je détaillerai lorsque je rendrai compte de » mes opinions politiques *; je me livrai à des spéculations » financières. Je m'associai un Prussien nommé le comte de » Redern. »

* L'edition Rodrigues (1re livraison. p. XVIII) dit : « Je ne voulus » pas m'en mêler, parce que, d'un côté, j'avais la conviction que l'an- » cien regime ne pouvait pas être prolongé, et que, d'un autre côte, » j'avais de l'aversion pour la destruction, et qu'il n'etait possible de » se lancer dans la carrière politique qu'en s'attachant au parti de la » cour qui voulait anéantir la representation nationale, ou au parti » révolutionnaire qui voulait anéantir le pouvoir royal. Mon activite » se porta du côté des spéculations financières, je me livrai à des » speculations sur la vente des domaines nationaux, je m'associai un » Prussien nommé le comte de Redern. »

Je désirais la fortune seulement comme moyen : organiser un grand établissement d'industrie, fonder une école scientifique de perfectionnement[1], étaient les véritables objets de mon ambition.

L'espérance dorait mon avenir ; mon associé annonçait des vues libérales ; il approuvait mes projets.

J'ai travaillé jusqu'en 1797 avec ardeur, confiance et succès. Mes spéculations ayant réussi, je me trouvai en mesure de commencer l'établissement d'industrie. On voit, dans la rue du Bouloy, le commencement des constructions que j'avais entreprises. L'arrivée de M. de Redern entrava mes travaux.

Je m'étais trompé sur le compte de cet associé ; je le croyais lancé dans la même carrière que moi, et les routes que nous suivions étaient très différentes ; car il courait après la fortune[2], tandis que je gravissais la montagne escarpée qui porte à son sommet le temple de la gloire.

Nous nous brouillâmes, M. de Redern et moi,

1. Contribuer en un mot au progrès des lumières et à l'amélioration du sort de l'humanité; tels étaient les véritables objets de mon ambition (manuscrit ci-dessus cité).

2. « Car il se dirigeait vers les marais fangeux au milieu » desquels la fortune a élevé son temple, tandis que... etc » (Édition Rodrigues, p. XIX.)

en 1797 (je détaillerai dans un Mémoire particulier les motifs de cette brouille[1]). Aussitôt que j'eus rompu avec lui, je conçus le projet d'agir d'une manière directe sur le moral de l'humanité, DE FAIRE FAIRE UN PAS GÉNÉRAL A LA SCIENCE, ET DE RENDRE L'INITIATIVE A L'ÉCOLE FRANÇAISE[2]. Cette entreprise exigeait des travaux préliminaires : j'ai dû commencer par constater la situation de la connaissance humaine, et par étudier l'histoire des découvertes[3].

Pour y parvenir, je ne me suis pas borné à des recherches dans les bibliothèques[4]; j'ai pris domicile en face de l'École polytechnique ; je me suis lié d'amitié avec plusieurs professeurs de cette école. J'ai employé trois ans à me mettre au courant des connaissances acquises sur la physique des corps bruts[5].

1. Voyez plus loin, p. 121 de ce volume.

2. « Je conçus le projet de frayer une nouvelle carrière à l'in-
» telligence humaine, la carrière *physico-politique*; je conçus le
» projet de faire faire, etc. (Édit. Rodrigues, p. xx.)

3. « J'ai dû commencer par étudier les sciences physiques,
» par constater leur situation actuelle, et par m'assurer, au
» moyen de recherches historiques, de l'ordre dans lequel s'é-
» taient faites les découvertes qui les avaient enrichies. » (Édit. Rodrigues, p. xx).

4. « J'ai recommencé mon éducation, j'ai suivi les cours des
» professeurs les plus célèbres; j'ai pris domicile, etc. » (Idem.)

5. A la suite de ce paragraphe viennent, dans l'édition Ro-

Je m'éloignai de l'École polytechnique en 1801 ; je m'établis près de l'École de médecine. J'entrai en rapport avec les physiologistes. Je ne les quittai qu'après avoir pris connaissance exacte de leurs idées générales sur la physique des corps organisés.

La paix d'Amiens me permit de partir pour l'Angleterre. L'objet de mon voyage était de m'informer si les Anglais avaient découvert de nouvelles idées générales. J'en revins avec la certitude

drigues (p. XXI), deux paragraphes empruntés aux pages 24 et 25 de la lettre que Saint-Simon a écrite à M. le sénateur Boissy-d'Anglas, le 2 novembre 1807 (Voy. p. 61.) Nous les transcrirons ici :

« J'ai employé mon argent à acquérir de la science ; grande » chère, bon vin, beaucoup d'empressement vis-à-vis des pro- » fesseurs, auxquels, ma bourse était ouverte *, me procurèrent » toutes les facilités que je pouvais désirer.

» J'avais de grandes difficultés à surmonter. Déjà ma cervelle » avait perdu de sa malléabilité ; je n'étais plus jeune, mais d'un » autre côté je jouissais d'un grand avantage : de longs voyages, » la fréquentation d'un grand nombre d'hommes capables que » j'avais recherchés et rencontrés, une première éducation, diri- » gée par D'Alembert, éducation qui m'avait tressé un filet » métaphysique si serré, qu'aucun fait important ne pouvait » passer à travers, etc. »

* Dans le *Mémoire introductif* (publié en 1812) sur sa contestation avec M. de Redern, il cite notamment le géomètre Poisson dont la position pécuniaire était très-fâcheuse : « J'ai, dit-il, fourni à tous ses » besoins et même à ses fantaisies jusqu'à l'époque où les places qu'il » a obtenues du Gouvernement l'ont mis dans l'aisance et lui ont » rendu mes secours inutiles. »

qu'ils n'avaient sur le chantier aucune idée capitale neuve.

Peu de temps après, j'allai à Genève, et je parcourus une partie de l'Allemagne. J'ai rapporté de ce voyage, la certitude que la science générale était encore dans l'enfance dans ce pays, puisqu'elle y est encore fondée sur des principes mystiques, mais j'ai conçu de l'espérance pour les progrès de la science générale en voyant la nation allemande tout entière, passionnée dans cette direction scientifique[1].

Après m'être assuré, par le travail préliminaire dont je viens de rendre compte, que mes idées scientifiques étaient neuves et justes, j'ai entrepris un ouvrage ayant pour titre : *Introduction aux tra-*

1. Le paragraphe qui suit, dans l'édition Rodrigues (p. XXIII), commence par ces mots : « *De retour de ces voyages,* je me » suis marié, etc., » et Rodrigues dit en note : « Saint-Simon » épousa en 1801 mademoiselle de Champgrand, aujourd'hui » madame de Bawr. » Or, Saint-Simon vient de dire qu'en 1801 il a quitté l'École polytechnique pour aller s'établir près de l'École de médecine ; c'est évidemment dans cette dernière demeure, et marié, qu'il a ouvert ses salons aux savants et aux artistes les plus célèbres. On sait aussi que le traité de paix d'Amiens fut signé le 27 mars 1802, et Saint-Simon vient de nous dire que ce traité lui permit d'aller visiter l'Angleterre; évidemment aussi il était à Genève en 1803 quand il rédigea son premier écrit. De ces rapprochements divers il résulte qu'il ne se maria pas *au retour de ses voyages*. En réalité, il se maria le 19 thermidor an IX (7 août 1801) et divorça le 5 messidor an X (24 juin 1802). Il partit alors pour ses voyages.

vaux scientifiques du XIXe *siècle*. J'ai présenté au Bureau des longitudes les deux premiers volumes de cet ouvrage. Les fonds m'ayant manqué, je n'ai pu continuer ce travail ; j'ai été obligé de choisir un autre cadre, d'adopter un nouveau plan de rédaction; je l'exposerai à la suite de cet abrégé.

Deuxième partie.

Je vais, dans cette seconde partie, faire connaître quelle a été et quelle est aujourd'hui mon existence pécuniaire.

J'étais le plus proche parent d'un auteur connu, du duc de Saint-Simon. Son duché-pairie, sa grandesse d'Espagne et cinq cent mille livres de rente dont il jouissait, devaient passer sur ma tête. Il s'est brouillé avec mon père, qu'il a déshérité.

J'ai donc perdu les titres et la fortune du duc de Saint-Simon ; mais j'ai hérité de sa passion pour la gloire.

La mort de mon père, arrivée en 1783, n'a rien changé à ma position pécuniaire ; la fortune venait de ma mère, qui est aussi une Saint-Simon. Ma mère vit, elle a été ruinée par la Révolution ; toute espérance d'héritage est anéantie pour moi.

Je n'ai jamais hérité de personne; je n'ai eu

d'autre fortune que les bénéfices résultant de mes travaux.

J'ai fait des spéculations très-lucratives depuis 1790 jusqu'en 1797, et je serais opulent si mes travaux scientifiques ne m'avaient pas fait négliger mes intérêts pécuniaires. Le comte de Redern, qui était mon associé, a profité de ma négligence; il visait à la fortune, je courais après la gloire : je devais être pécuniairement sa dupe, cela est arrivé.

C'est en 1798 que je suis entré dans la carrière scientifique. Je possédais, à cette époque, une somme de 144,000 livres.

Cette somme n'était qu'un bien petit prélèvement sur les bénéfices auxquels j'avais droit, car ces bénéfices se montaient à 150,000 livres de rente en immeubles, fortune qui existe entre les mains du comte de Redern, qui n'avait droit qu'à la moindre partie de cette fortune, puisque mon industrie et les risques que j'avais courus avaient infiniment plus contribué à son acquisition, que les faibles capitaux versés par lui dans mes spéculations.

Deux raisons m'ont engagé à ne prendre que 144,000 livres sur la fortune appartenant au comte de Redern et à moi :

Première raison. J'avais acquis la certitude que

le comte de Redern n'avait point un caractère libéral; mais rien ne m'avait prouvé qu'il ne fût pas loyal; je le croyais mon ami et je me figurais que ma fortune pouvait être déposée, sans inconvénient, dans ses mains, pendant que je ferais mon voyage de découvertes.

Deuxième raison. Je croyais qu'une somme de 144,000 livres me suffirait pour pousser mon entreprise à bout et que j'obtiendrais une place scientifique honorable avant de l'avoir épuisée.

Je me suis trompé dans ma combinaison, sous les deux rapports :

J'avais dépensé les 144,000 livres avant d'avoir mérité une place scientifique honorable; je suis convaincu de la déloyauté du comte de Redern.

Depuis trois ans, mes fonds sont épuisés, et depuis cette époque (1805), mon existence pécuniaire est devenue très-pénible. En voici l'historique :

Mes fonds se trouvant épuisés, j'ai sollicité une place; je me suis adressé à M. le comte de Ségur. Il a accueilli ma demande et il m'a annoncé, au bout de six mois, qu'il avait obtenu pour moi un emploi au mont-de-piété. Cet emploi était celui de copiste; il rapportait mille francs par an pour neuf heures de travail par jour; je l'ai exercé pendant six mois;

mon travail personnel était pris sur les nuits; je crachais le sang, ma santé était dans le plus mauvais état, quand le hasard me fit rencontrer le seul homme que je puisse appeler mon ami.

J'ai rencontré Diard, qui m'avait été attaché depuis 1790 jusqu'en 1797; je ne m'etais séparé de lui qu'à l'époque de ma rupture avec le comte de Redern. Diard me dit : « Monsieur, la place que » vous occupez est indigne de votre nom comme » de votre capacité; je vous prie de venir chez moi, » vous pouvez disposer de tout ce qui m'appartient; » vous travaillerez à votre aise et vous vous ferez » rendre justice. » J'ai accepté la proposition de ce brave homme, j'ai été chez lui, j'y habite depuis deux ans (1806 à 1808), et depuis cette époque, il a fourni avec empressement à tous mes besoins et aux frais considérables de l'ouvrage que j'ai imprimé. Quelle honte pour le comte de Redern[1]!

La première livraison des lettres au Bureau des

1. J'ai écrit, à cette époque, au comte de Redern, pour lui faire connaître ma position; je lui ai mandé que je désirais que des arbitres réglassent nos comptes, que je le croyais trop loyal pour se refuser à cette demande; j'ai cherché à lui faire sentir qu'il était impossible qu'il crût s'être acquitté à mon égard en me remettant une somme de 144,000 liv. sur 150,000 liv. de rente en immeubles que j'avais remis dans ses mains. Le comte de Redern m'a répondu par deux lettres impertinentes, et n'a point accédé à ma demande. (Note de Saint-Simon.)

longitudes, qui forme 75 pages in-4°, sans nom d'imprimeur, se vendit chez Debray, libraire, rue Saint-Honoré, vis-à-vis la rue du Coq. Elle comprend sept lettres; la sixième, qui est la réponse faite par M. Bouvard, président du Bureau des longitudes, porte la date du 29 août 1808.

Elle mérite d'être citée; nous la donnons telle que Saint-Simon l'a imprimée à la page 72 de sa première livraison.

« LE PRÉSIDENT DU BUREAU DES LONGITUDES

» A M. SAINT-SIMON.

» Monsieur,

» Le Bureau des longitudes me charge de vous
» prévenir que la nature des travaux que vous lui
» avez *comuniqué*, dans vos *divers* lettres, ne sont
» pas de la *competance* des travaux *dont* il est chargé
» d'examiner. La loi de son établissement lui pres-
» crit exclusivement de s'occuper des moyens de
» perfectionner la géographie, la navigation et l'as-
» tronomie; en conséquence, le Bureau des longi-
» tudes est décidé *de* ne vous faire d'autre *réponce*
» que celle *dont* j'ai l'honneur de vous *addresser*
» aujourd'hui.

» Comme monsieur de Saint-Simon est dans l'in-
» tention d'imprimer ses idées sur le système du

» monde, les savants et le public les *jugera* avec » impartialité.

» J'ai l'honneur de vous saluer, monsieur,

» BOUVARD. »

» Ce 29 aoust 1808. »

La seconde livraison, qui se compose de la huitième lettre, forme 23 pages in-4°, imprimées chez Scherff. Cette lettre est adressée à la première classe de l'Institut.

La troisième livraison est, sous une forme différente, la reproduction du plan de travail qu'il avait imprimé en tête de sa première livraison. Vient ensuite la réimpression, pure et simple, des 137 pages du second volume de l'*Introduction aux travaux scientifiques*.

Le Courrier de l'Europe et des spectacles consacra une partie de son *feuilleton* du samedi 8 octobre 1808, à rendre compte de ces *lettres*.

1809

Nous venons de voir Saint-Simon entrer dans quelques détails sur sa vie, mais il voulait se faire connaître plus complétement. Il rédigea en 1809 un nouvel abrégé de l'histoire de sa vie dont nous avons sous les yeux le manuscrit entierement de sa main [1]; ce travail est inachevé, mais il offre cela de curieux

1. C'est le manuscrit que nous avons plusieurs fois cité dans les notes des pages qui précèdent.

qu'on y trouve une appréciation des ouvrages qu'il avait publiés en 1808. Les quatre premières pages sont, à quelques variantes près, la copie du sommaire de sa vie publié en tête des *Lettres au bureau des longitudes;* puis il continue en ces termes :

J'ai d'abord fait imprimer deux volumes ayant pour titre : *Introduction aux travaux scientifiques du* XIXe *siècle*[1]. J'ai abandonné cette entreprise parce que je me suis aperçu que j'avais mal commencé l'exposition de mes idées. Convaincu par l'expérience que je n'étais pas encore mûr pour contexturer et rédiger l'ouvrage que j'avais conçu, j'ai pris le parti de publier des *lettres*[2] où j'ai traité séparément les questions dont les solutions partielles sont les principes que j'emploierai à l'organisation du système scientifique.

Les lettres que j'ai imprimées n'ont pas déterminé, comme je l'avais espéré, une discussion générale; mais ce travail m'a été très-utile, d'abord parce qu'il a été pour moi une occasion d'élaborer mes idées, ensuite parce qu'il a fixé l'attention de quelques personnes qui ont bien voulu me communiquer leurs observations.

Ma vie présente une série de chutes; et cependant ma vie n'est pas manquée, car loin de des-

1. Il ne mentionne même pas, comme on voit, ses *Lettres d'un habitant de Genève à ses contemporains.*

2. Ce sont les *Lettres au Bureau des longitudes.*

cendre j'ai toujours monté : aucune de mes chutes ne m'a fait retomber au point d'où j'étais parti. J'ai eu sur le champ des découvertes l'action de la marée montante. J'ai descendu souvent, mais ma force ascensive l'a toujours emporté sur la force opposée.

Agé de près de cinquante ans[1], je suis arrivé à cette époque où l'on prend sa retraite, et j'entre dans la carrière après une route longue et pénible. je suis arrivé au point de départ.

Le public ne doit point regarder comme définitif le jugement qu'il a porté sur ma conduite, je réclame de sa justice la révision de ce jugement, et je vais lui présenter à cet égard quelques observations qui me paraissent mériter son attention.

A la lecture des ouvrages du petit nombre d'auteurs qui se sont distingués par leurs travaux en science générale, on serait porté à croire qu'ils ont été, dans leur vie privée, des modèles de sagesse et de modération; mais le raisonnement et l'exa-

1. Cette phrase a pu faire croire que Saint-Simon écrivait ces lignes en 1810; mais un homme qui prendra cinquante ans en 1810, peut dire en 1809 qu'il a *près de cinquante ans*. Notre manuscrit porte la date de 1809 — Nous avons dit (p. 2, note 1) que Saint-Simon était né à Paris le 17 octobre 1760. C'est par erreur que dans les trois éditions du volume d'EXPOSITION, *première année*, on a dit le 17 *avril* 1760.

men des faits prouvent le contraire et démontrent que cette opinion, fondée sur les premières apparences, est complétement erronée. La philosophie théorique et la philosophie pratique sont essentiellement différentes. Le même homme ne peut pas parcourir avec succès ces deux carrières; voyons les faits :

Luther, Bacon et Descartes sont, parmi les modernes, les trois hommes qui, en direction de science générale, se sont le plus distingués.

Luther a attaqué l'ancien système scientifique.

Bacon a indiqué les moyens d'organiser un nouveau système d'idées.

Descartes a commencé l'organisation de ce système.

Le premier a dit: Ce n'est pas la révélation, c'est la raison qui doit servir de base à notre croyance.

Le second a indiqué les moyens d'organiser un système scientifique dans lequel les idées révélées ne jouassent aucun rôle.

Le dernier a déclaré qu'il ferait un monde si on lui donnait de la matière et du mouvement, c'est-à-dire il a entrepris d'expliquer l'organisation de l'Univers sans avoir recours aux idées révélées.

Luther a trop aimé la table.

Bacon a été ambitieux d'honneur et de fortune.

Descartes a eu le goût du jeu et des femmes.

Ainsi aucun des trois n'a été philosophe pratique.

Passons maintenant au raisonnement :

L'âme est d'autant plus accessible aux passions qu'elle est plus exaltée ; or, le plus haut degré d'exaltation est nécessaire pour traiter la grande question scientifique dans toute son étendue. Donc il ne faut pas être étonné de voir les philosophes théoriciens asservis plus qu'aucuns autres savants, au joug des passions.

On peut encore envisager cette même question d'un autre point de vue.

Les deux sciences qui servent de base à la philosophie, sont l'astronomie et la physiologie ; c'est-à dire que celui qui cultive la science générale, doit étudier l'Univers dans le *grand monde* et dans le *petit monde*. L'astronomie est l'étude du grand monde, c'est-à-dire l'étude du phénomène Univers sur une grande échelle ; la physiologie est l'étude de l'Univers sur une petite échelle, car la manière la plus philosophique d'envisager le phénomène de l'intelligence humaine est de considérer le cerveau humain comme une petite machine qui exécute matériellement tout ce qui se fait dans l'univers; on peut, en un mot, regarder l'univers comme une horloge, et l'homme comme une montre. Ce sont deux machines semblables quoique d'une dimension très-différente.

Pour accélérer les progrès de la science, le plus grand, le plus noble des moyens, est de mettre l'univers en expérience; or, ce n'est pas le grand monde, ce n'est que le petit monde, c'est-à-dire l'homme, que nous pouvons mettre en expérience.

Une des expériences les plus importantes à faire sur l'homme, consiste à l'établir dans de nouvelles relations sociales. Or, toute nouvelle action résultant d'une pareille expérience ne peut être classée comme bonne ou mauvaise que d'après les observations faites sur ses résultats, et toutes les tentatives de ce genre ne peuvent pas être heureuses. Ainsi, l'homme qui se livre à des recherches de haute philosophie, peut et doit même, pendant le cours de sa vie expérimentale, faire beaucoup d'actions marquées au coin de la folie.

Enfin il résulte de la nature des choses que, pour faire des découvertes en philosophie, il faut:

1° Mener, dans la vigueur de l'âge, la vie la plus originale et la plus active;

2° Prendre connaissance de toutes les théories

scientifiques, particulièrement des théories astronomiques et physiologiques;

3° Parcourir toutes les classes de la société; se placer personnellement dans le plus grand nombre de positions sociales différentes, et même créer, pour les autres et pour lui, des relations qui n'aient point existé;

4° Employer sa vieillesse à résumer ses observations sur les effets qui sont résultés de ces expériences tant pour les autres que pour soi, et lier ces observations de manière que cela forme une théorie philosophique neuve.

L'homme qui a tenu cette conduite est celui auquel l'humanité doit accorder le plus d'estime; c'est celui qu'elle doit regarder comme le plus vertueux, puisque c'est celui qui a travaillé le plus méthodiquement et le plus directement aux progrès de la science, véritable source de la sagesse[1].

On m'objectera sans doute que Newton est mort vierge à plus de quatre-vingts ans, qu'il a été généreux et économe, qu'il a su concilier tous ses devoirs; qu'il a travaillé en même temps à l'amélioration du sort de l'humanité, à la prospérité nationale de ses compatriotes, à l'illustration et à

1. Il faut tenir compte de la date à laquelle Saint-Simon s'exprimait ainsi. (*Note des éditeurs.*)

la fortune de sa famille; qu'il n'a eu enfin d'autre passion que celle du travail, qu'il a été, dans toutes les autres directions, un modèle de continence.

A cette objection je répondrai que Newton a été grand géomètre et grand astronome, mais qu'il ne s'est point occupé de physiologie, de manière qu'il ne peut pas être classé comme philosophe, car la science générale a, comme je l'ai déjà dit, deux principales racines, l'astronomie et la physiologie, et ces deux racines sont disposées de telle façon qu'il faut avoir un pied sur chacune d'elles pour embrasser le tronc.

Il vaudrait peut-être mieux comparer la science générale à un fleuve alimenté par deux sources, dont l'une l'enrichit des observations faites sur les *corps bruts* et l'autre des remarques acquises sur les *corps organisés*.

Descartes a navigué sur le fleuve et il est remonté à ses deux sources. Newton a passé sa vie à une des deux sources, et il n'est jamais descendu sur le fleuve. Ce géomètre n'a point étudié l'homme; il n'a point fixé son attention sur les phénomènes physiologiques; il ne s'est occupé que des corps bruts et des moyens de calculer leurs mouvements. D'un côté, Newton a beaucoup servi, mais d'un autre il a beaucoup nui aux progrès de la science;

il a perfectionné l'astronomie et l'optique ainsi que les autres parties de la physique relative aux corps bruts, mais il a fait négliger l'autre partie de la physique, celle qui concerne les corps organisés, et il est cause que l'étude de la science générale a été presque abandonnée.

L'opinion publique n'a pas encore assis son jugement sur Newton, elle est encore dans l'engouement du positif des découvertes faites par ce géomètre. Descartes avait traqué des faits, Newton a été le plus habile chasseur, il a saisi et terrassé le plus grand des faits traqués, et l'humanité vit de cette chasse avec toute l'imprévoyance de jeunes gourmands qui ne s'informent pas, quand ils sont à table, de la situation du garde-manger.

Je reviens à l'histoire de ma vie, qui est le fait sur lequel se basent mon énergie et mon audace, dont l'extension est mille fois supérieure à ce qu'elle devrait être à l'âge auquel je suis parvenu. Je dis que mes actions ne doivent pas être jugées d'après les mêmes principes que celles du commun des hommes, parce que ma vie, jusqu'à ce jour, a été un cours d'expériences. Je vais indiquer par un exemple la différence qui me paraît devoir exister entre les principes d'après lesquels on doit juger les actions dirigées vers le but ordinaire de la vie, et celles dont une expérience est le but.

Si je vois un homme exercer sa force ou son adresse sur un animal, dans le seul but de le faire souffrir, je dis (l'animal ne fût-il qu'une mouche), que cet homme n'a pas reçu, de la nature, une organisation heureuse pour la sensibilité, et j'affirme, sans hésiter, qu'il est dans une direction qui doit le conduire à la cruauté. Mais si je vois un physiologiste faire des expériences sur des animaux vivants, éventrer des chiennes pleines, disséquer des chiens vigoureux et bien portants, etc.; je dis: voilà un homme occupé de recherches qui tendent à la découverte de procédés utiles pour le soulagement de l'humanité. Le malheureux Bichat était remarquable par sa sensibilité; Dubois, Boyer, Dupuytren, sont, jour et nuit, sur pied pour soulager les douleurs des hommes de toutes les classes.

Si je vois un homme qui ne s'occupe pas de science générale, fréquenter les maisons de jeu et de débauche, ne pas fuir avec la plus scrupuleuse attention la société des personnes d'une immoralité reconnue, je dirai : voilà un homme qui se perd ; les habitudes qu'il contracte l'aviliront à ses propres yeux et le rendront, par conséquent, souverainement méprisable. Mais si cet homme s'occupe de philosophie théorique, si le but de ses recherches est de rectifier la ligne de démarcation qui doit séparer les actions et les classer en bonnes et mauvaises, s'il cherche à découvrir un remède pour guérir les maladies d'intelligence qui entraînent ceux qu'elles attaquent dans des routes qui les éloignent du bonheur; je dirai : cet homme parcourt la carrière du vice dans une direction qui le conduira nécessairement à la plus haute vertu.

J'ai fait tous mes efforts pour connaître, le plus exactement qu'il m'a été possible, les mœurs et les opinions des différentes classes de la société; j'ai recherché, j'ai saisi toutes les occasions de me lier avec des hommes de tous les caractères et de tous les genres de moralité. Ces recherches m'ont beaucoup nui dans l'opinion publique, mais je suis loin de les regretter. Mon estime pour moi a toujours augmenté dans la proportion du tort que j'ai fait à ma réputation; j'ai tout lieu de m'applaudir de la conduite que j'ai tenue, puisque je me vois en état de présenter des vues neuves et positives à mes contemporains; puisque l'immense génie de l'Empereur ne m'a point circonvenu, et que mon admiration pour lui n'a point altéré l'indépendance de ma pensée.

On conçoit aisément qu'il a dû m'arriver beaucoup de choses extraordinaires; j'aurais en effet des anecdotes piquantes à raconter, mais, en ce moment, un travail plus important m'occupe, il absorbe tout mon temps et toutes mes facultés, j'ai encore de la vigueur, je vis encore dans l'avenir[1]. Je bavarderai sur ma vie quand je serai vieux. Je terminerai cette première partie par une comparaison.

Une génération humaine peut être comparée à une année de végétation :

Au printemps, les vergers sont couverts de fleurs; quelques-unes se nouent, plusieurs se flétrissent, la plupart meurent et tombent avant l'été sans avoir noué. N'est-ce pas l'image frappante des enfants d'une génération?

Dans l'été, le verger est beau d'un autre genre de beauté : on y découvre des fruits dont quelques uns sont d'une végétation vigoureuse, dont la plu-

1. Ici se termine la partie de ce fragment qu'Olinde Rodrigues a publiée en 1832 (p. XXX à XXXVII de son édition des œuvres de Saint-Simon). On remarque, dans les pages qu'on vient de lire, comparées à celles insérées dans l'édition de Rodrigues, un certain nombre de variantes, d'additions et de suppressions. Nous avons reproduit fidèlement le manuscrit de Saint-Simon qui est entre nos mains, et nous allons en donner la fin. Il faut croire qu'Olinde Rodrigues a eu, sous les yeux, un manuscrit qui nous manque aujourd'hui. (*Note des éditeurs.*)

part languissent et tombent. N'est-ce pas l'image de la virilité d'une génération ?

Dans l'automne, le verger présente encore un bel aspect : ce sont des fruits à maturité ; c'est le spectacle de l'heureuse partie d'une génération qui parvient, dans un âge consommé, à se distinguer par d'utiles travaux.

Enfin, au commencement de l'hiver, le verger offre encore quelques individus sur lesquels on peut reposer agréablement la vue ; on y aperçoit encore quelques fruits ; ce sont les vieillards qui, après avoir fait beaucoup d'expériences et en avoir bien observé les résultats, conservent assez de vigueur pour rendre compte de leurs travaux avec chaleur, clarté et précision ; ce sont les philosophes inventeurs.

. . . .

Ici se termine notre manuscrit.

1810

Saint-Simon avait dit : « Faire une bonne encyclopédie est » un travail qui exige le concours des premiers savants du globe, » vingt ans de travaux et cent millions [1]. » Il entreprit de poser les bases de ce grand travail, et il commença par publier :

1. *Introduction aux travaux scientifiques du* XIXe *siècle*, p. 116.

— ESQUISSE D'UNE NOUVELLE ENCYCLOPÉDIE OU INTRODUCTION A LA PHILOSOPHIE DU XIXe SIÈCLE; ouvrage dédié aux penseurs. *Premier aperçu*, 8 pages in-4°, de l'imprimerie de Moreaux et Cie, rue Traversière-Saint-Honoré n° 29. Une planche du même format donne la *Tige de l'arbre scientifique de Bacon*, placée en regard de la *Tige du nouvel arbre scientifique*.

Nous reproduisons cette brochure, extrêmement rare, quoiqu'elle paraisse avoir été imprimée deux fois [1].

INTRODUCTION A LA PHILOSOPHIE

DU DIX-NEUVIÈME SIÈCLE.

> Reportez-vous, par la pensée, à l'époque de la formation du globe; descendez ensuite les siècles en observant les progrès successifs de l'esprit humain, et vous verrez clairement les moyens a employer pour accélérer son perfectionnement.
>
> *Épigraphe de l'auteur.*

PLATON et ARISTOTE se sont placés dans un point de vue général pour envisager les connaissances acquises, et pour chercher la route du perfectionnement.

1. Autant que nous pouvons en juger par le n° 1209 du catalogue de la bibliothèque de M. H. de Lassize, bibliothèque dont

PLATON s'est livré aux raisonnements; ARISTOTE s'est attaché aux faits : les ouvrages du disciple ont été préférés à ceux du maître.

La philosophie d'ARISTOTE était encore enseignée, lorsque BACON et DESCARTES ont paru.

La métaphysique de DESCARTES a eu des admirateurs; mais l'école s'est maintenue dans la direction des faits; elle a pris BACON pour guide.

KANT nous paraît avoir signalé une troisième époque; les ouvrages de ce philosophe spiritualiste ont fait grande sensation en Allemagne.

ARISTOTE a vécu à la même époque que PLATON : DESCARTES a écrit en même temps que BACON : quel sera le contemporain de KANT qui plantera un nouveau jalon dans la direction donnée par ARISTOTE et BACON?

PLATON, DESCARTES et KANT ont présenté des spéculations vagues qui n'ont pas été d'une grande utilité : ARISTOTE et BACON ont fait de la philosophie positive; ils ont été les fondateurs de la

la vente a eu lieu en janvier et février 1867, car le n° 1209 indique, avec un titre identique, ces huit pages comme imprimées à Paris chez N. Rougeron. « Cette brochure, dit le rédacteur du » catalogue, a été trouvée à trois ou quatre exemplaires parmi » les papiers manuscrits ou imprimés laissés en gage par Saint-» Simon, pour dettes, chez M. ***, à Alençon. »

science générale ; ils ont donné les méthodes de perfectionnement auxquelles l'humanité est redevable des progrès de son intelligence. ARISTOTE a inventé le syllogisme, formule qui a servi à déterminer la valeur comparative des mots ; BACON a introduit la méthode d'analyse, méthode précieuse à laquelle nous devons les progrès rapides des sciences physiques et mathématiques, méthode qui devrait être adoptée par les philosophes pour la culture de la science générale. Ce génie par excellence a tracé le plan d'un traité de la connaissance humaine : l'idée désignée par le signe ENCYCLOPÉDIE, a été épuisée dans le *Novum Organum*.

ENCYCLOPÉDIE, ce mot dont les racines sont grecques [1], signifie enchaînement des connaissances ; il ne devrait pas servir de titre aux Dictionnaires généraux. Un dictionnaire général est un magasin de matériaux propres à construire une Encyclopédie. Rendre un compte systématique des connaissances acquises, présenter de nouveaux moyens pour accélérer le progrès des lumières, sont les obligations à remplir par les auteurs qui décorent leurs travaux du titre d'Encyclopédie. Faire

1. ἐν (en), κύκλος (cercle), παιδεία (science). Cercle ou enchaînement des sciences.

une nouvelle Encyclopédie, est la manière d'utiliser une découverte en science générale.

Le cercle des connaissances roule toujours; toujours il s'agrandit; la science générale lui sert de lien; pendant son ascension les philosophes produisent des idées neuves, pendant le surplus de sa révolution ils critiquent les idées générales admises.

La philosophie du XVIIIe siècle a été critique et révolutionnaire, celle du XIXe sera inventive et organisatrice.

Les auteurs de l'Encyclopédie française [1] ont démontré que l'idée générale [2] admise ne pouvait servir au progrès des sciences physiques et mathématiques, qu'en la perfectionnant; mais ils n'ont point indiqué l'idée à adopter pour remplacer celle qu'ils ont discréditée. La classification de BACON avait servi de base à leur ouvrage; elle a été sévèrement examinée. On a observé que la culture des sciences particulières exigeant l'emploi de toutes les facultés d'intelligence, la division en

1. L'Encyclopédie française est le seul ouvrage dont les éditeurs aient fait concourir toutes les parties à un but de science générale; c'est le seul, par conséquent, qui ait rempli les obligations de son titre. (Note de Saint-Simon.)

2. L'idée générale est le résumé de la science générale. Ce résumé a un caractère productif pendant sa jeunesse, et stérile pendant sa vieillesse. (Note de Saint-Simon.)

sciences de mémoire, sciences de raison, sciences d'imagination, ne satisfaisait pas complétement.

La critique est aisée, l'art est difficile : la classification de BACON, est supérieure à celles qui ont paru depuis que son imperfection a été reconnue.

L'idée la plus simple est la dernière sur laquelle se fixe l'attention. L'histoire des progrès de l'esprit humain présente l'enchaînement des connaissances.

DÉPOUILLEMENT DE L'HISTOIRE DES PROGRÈS DE L'ESPRIT HUMAIN.

Les premiers hommes ont été peu supérieurs en intelligence aux autres animaux. C'est par des progrès successifs que l'esprit humain s'est élevé :

A un système de signes de convention,

A un système d'arts et métiers,

A un système de beaux-arts,

A un système de sciences morales et politiques,

A un système de sciences physiques et mathématiques.

Nous ignorons le nom du peuple qui a organisé le système de signes; mais nous sommes certains qu'il a existé antérieurement aux Égyptiens.

Depuis les Égyptiens, aucun peuple n'a fait de travaux comparables à ceux qui ont utilisé les eaux du Nil.

Les ouvrages des Grecs servent encore de modèles dans les beaux-arts.

Sous le rapport de puissance militaire, du temps des anciens Romains; sous le rapport de puissance sacerdotale, peu après la destruction de la république, Rome n'a jamais eu d'égale.

Dans les sciences physiques et mathématiques, les modernes sont supérieurs aux peuples qui les ont précédés.

Le pouvoir de régir l'univers a été attribué par les Égyptiens aux astres, aux corps bruts, et aux corps organisés.

Les Grecs et les Romains (leurs contemporains) ont déifié toutes les facultés morales.

Depuis le moyen âge, les Européens adorent Dieu (la collection de toutes les vertus); ils ont peur du diable (la collection de tous les vices).

Enfin, parmi les modernes, un Anglais a fondé l'astronomie sur une conception susceptible d'être généralisée. La pesanteur universelle peut être considérée comme loi unique à laquelle l'univers est soumis; elle explique la marche des phénomènes les plus simples, et n'est en opposition avec aucun des faits observés dans les phénomènes les plus compliqués.

Prouver qu'il serait utile au progrès de la

science de considérer la loi de la pesanteur universelle comme loi divine et comme loi unique, à laquelle DIEU a soumis l'univers, est le but de nos travaux.

Cette démonstration peut être indiquée par un homme; mais le concours des personnes qui cultivent avec fruit les différentes parties de la science est nécessaire pour la compléter et pour l'utiliser. L'appel fait par DIDEROT et d'ALEMBERT aux savants de leur nation, pour constater la caducité de l'idée générale, a complétement réussi. Invincible NAPOLÉON, nous nous plaçons derrière ton bouclier, pour faire appel à tous les savants du globe; nous les invitons à travailler en commun au perfectionnement de l'idée générale.

L'AUTEUR AU PUBLIC.

Depuis dix ans, tout notre temps, toutes nos forces et tous nos moyens ont été employés à préciser la conception que nous venons d'exposer; nous allons maintenant nous occuper de son développement. Ce travail exige des collaborateurs, des avances: il nécessite une souscription.

Le prix de la souscription est de 6 francs. On peut s'adresser à M. DEBRAY, libraire, rue Saint-Honoré, vis-à-vis de la rue du Coq, et aux principaux libraires de l'Europe. On peut aussi souscrire chez l'auteur, rue Traversière-Saint-Honoré, à l'hôtel d'Arbois.

L'ouvrage sera imprimé en anglais, en allemand, en italien et en français. Les souscripteurs déclareront la langue dans laquelle ils veulent recevoir leur livraison. La liste des souscripteurs sera imprimée en tête du premier volume, qui paraîtra aussitôt que la recette couvrira les frais d'impression.

Nous publierons incessamment un deuxième aperçu, dans lequel nous essayerons de prouver que DIEU gouverne l'univers par une seule loi; peu de temps après, nous en ferons paraître un troisième dans lequel nous indiquerons les raisons sur lesquelles nous fondons l'opinion que la loi de la pesanteur universelle est celle par laquelle DIEU gouverne l'univers. Nous repondrons ensuite aux critiques, et nous continuerons à produire tous les mois un nouvel aperçu ou une réfutation des critiques. Ce travail marchera de front avec celui pour lequel nous ouvrons une souscription : il en facilitera l'exécution en l'éclairant par la discussion.

C'est avec reconnaissance que nous recevrons les avis que l'on voudra bien nous donner. Les lettres et paquets doivent être adressés franc de port à M. DEBRAY.

— NOUVELLE ENCYCLOPÉDIE par C. H. de Saint-Simon. *Première livraison servant de prospectus.*

Ce *Prospectus* ou *Préface*, comme l'auteur l'intitule, forme 28 pages in-4°, imprimées chez Scherff, rue des Bons-Enfants, n° 30.

En tête se trouve l'épître dédicatoire à Victor de Saint-Simon son neveu. C'est cette épître que l'on désigne sous le nom de *Lettre à son neveu.*

ÉPITRE DÉDICATOIRE

A MON NEVEU VICTOR DE SAINT-SIMON.

Mon intention, mon cher Victor, en vous dédiant mon ouvrage, est de vous pousser au grand.

Les circonstances vous appellent à devenir le chef de la maison de Saint-Simon qui descend de Charlemagne : votre naissance vous donne de grands droits, mais elle vous impose de grands devoirs. Vous pouvez prétendre à une existence de première ligne dans la société; mais c'est une obligation pour vous de faire de grandes choses. Déjà vous avez beaucoup fait, puisque vous avez obtenu l'estime de l'armée, par votre désintéressement à Inspruk, et par votre bravoure dans toutes les occasions. Mais il vous reste beaucoup à faire, puisque vous devez constater, par nombre d'actions d'un grand éclat et d'une haute importance, ou par la production d'une longue série d'idées neuves, fortes, justes et utiles, que le sang de Charlemagne ne s'est pas appauvri dans vos veines.

J'ai quitté l'épée pour prendre la plume, parce que j'ai senti que c'était dans la direction scientifique que la nature me poussait au grand. La carrière dans laquelle vous êtes lancé, et celle que je parcours, sont également honorables; car le nombre des penseurs n'a pas dépassé celui des héros. Les Bacon n'ont pas été plus communs que les Charlemagne. Alexandre et Aristote auraient pu dire l'un de l'autre : *Si je n'étais Alexandre, je voudrais être Aristote.* — *Si je n'étais Aristote, je voudrais être Alexandre.* Les monuments de ces deux grands hommes ont été d'une égale durée : les ruines de la ville d'Alexandrie et celles de la philosophie d'Aristote subsistent encore.

J'espère, mon neveu, que la lecture de mes ouvrages vous sera utile : il ne suffit pas à un grand seigneur de posséder les qualités militaires et d'être instruit dans l'art de la guerre; il faut encore qu'il ait des idées saines en politique; sans cela il ne serait pas digne de siéger parmi les représentants de sa nation.

Songez à votre nom, mon cher neveu; que l'idée de votre naissance soit continuellement présente à votre esprit; votre âme doit être toujours exaltée; elle doit planer dans les plus hautes régions de la pensée : l'étude de l'histoire vous apprendra que ce qui a été fait, que ce qui a été dit de plus grand, a été fait, a été dit par des gentilshommes. Notre ancêtre Charlemagne, Pierre le Grand, le grand Frédéric, et l'empereur Napoléon étaient nés gentilshommes; et les penseurs de premier ordre, tels que Galilée, Bacon, Descartes et Newton, étaient aussi gentilshommes.

Nous possédions l'empire d'Occident; nous avons été réduits d'abord au royaume de France, ensuite au comté de Vermandois; dépossédés de cette souveraineté, nous n'avions plus qu'une existence secondaire; mais nous étions encore en première ligne parmi les gouvernés. Alliés de la maison des Bourbons, nous avions obtenu de cette dynastie un duché-pairie et une grandesse d'Espagne. Aujourd'hui, nous n'avons plus aucun rapport avec le trône, nous sommes descendus du faîte des grandeurs jusqu'au plus profond des abîmes de l'oubli : la révolution nous a poussés jusque dans les derniers rangs des gouvernés, et le souvenir de nos grandeurs passées est devenu un obstacle à notre élévation. En pareille circonstance, mon neveu, il faut payer doublement, triplement de sa personne; il faut être fier jusqu'à l'arrogance.

Vous connaissez la différence qui existe entre l'attitude de l'homme modeste et celle de l'homme fier sur le champ de bataille; vous savez qu'on doit être fier en montant à l'assaut; et que le premier arrivé sur les remparts doit, à son retour, être modeste dans ses propos comme dans son maintien; mais vous n'avez pas une idée aussi claire de l'influence exercée par la fierté ou par la modestie sur la formation et sur la production des grandes pensées.

L'utilité dont une idée scientifique peut être à

l'humanité, aux compatriotes de l'auteur, à ses amis, à ses parents et à lui-même, est la mesure exacte de sa valeur; cette idée peut être formée et présentée en commençant par la combinaison et par l'exposé de ce qui intéresse l'humanité; on peut aussi entrer en matière par des considérations relatives aux intérêts personnels de l'auteur et de sa famille. La première forme est modeste, la seconde est fière. Sous le rapport de fierté scientifique, je crois, mon cher Victor, que la dédicace de mon ouvrage ne laisse rien à désirer.

Votre oncle

HENRI DE SAINT-SIMON.

POST-SCRIPTUM

Louis XIII a dit : *J'érige la terre de Saint-Simon en duché-pairie, en faveur de Claude de Saint-Simon, issu en ligne directe des comtes de Vermandois*. Vous trouverez cette phrase dans l'histoire généalogique et chronologique des pairs de France, faite par le père Anselme, d'après les ordres de Louis XIV, histoire qui est encore aujourd'hui l'ouvrage classique du genre. Voyez p. 389, t. IV.

Les comtes de Vermandois, comme tout le monde le sait, descendaient de Charlemagne.

Le conseil de Castille a examiné, reçu et enregistré les preuves généalogiques qui constatent que les Saint-Simon descendent de Charlemagne.

Voilà, mon cher neveu, les autorités sur lesquelles je fonde, pour le public, notre descendance de Charlemagne. J'ai une preuve d'un autre genre, qui a plus de force sur moi qu'aucune autre, dont j'ai gardé jusqu'à présent le secret, et que je vais vous faire connaître.

A l'époque la plus cruelle de la révolution, et pendant une nuit de ma détention au Luxembourg, Charlemagne m'est apparu et m'a dit : Depuis que le monde existe, aucune famille n'a joui de l'honneur de produire un héros et un philosophe de première ligne ; cet honneur était réservé à ma maison. Mon fils, tes succès, comme philosophe, égaleront ceux que j'ai obtenus comme militaire et comme politique, et il a disparu.

Des vingt-huit pages qui composent cet écrit, publié en 1810, nous n'extrairons que le passage suivant :

Les esprits superficiels et superstitieux, ces hommes dont les mesquines idées religieuses sont en opposition avec leurs petites conceptions philosophiques, feront d'inutiles efforts pour arrêter mon élan scientifique. C'est au tribunal de l'Empereur même que je les appellerai; c'est au pied du trône qu'on m'entendra faire cette profession de foi :

Je crois en Dieu.

Je crois que Dieu a créé l'univers.

Je crois que Dieu a soumis l'univers à la loi de la gravitation.

. . . .

Je ne blâme pas d'Alembert, ni Diderot, ni aucun de leurs collaborateurs encyclopédiques, d'avoir attaqué publiquement la croyance en Dieu, car cette croyance était tellement liée et amalgamée, à l'époque de leurs travaux, avec la croyance aux idées révélées, qu'il était impossible d'attaquer l'une en respectant l'autre. Mais aujourd'hui, qu'on ne considère plus les idées révélées que comme des aperçus scientifiques produits par l'humanité dans son enfance, et qui sont, par conséquent, tout à fait insuffisants pour régler la conduite de l'espèce humaine, à l'époque de sa maturité; aujourd'hui qu'on a ôté au clergé les avantages qu'il avait déloyalement acquis, je pense, je dis, je professe, je professerai toute ma vie qu'il faut croire en Dieu. (P. 25 à 27.)

Le *Journal de l'Empire* du samedi 21 avril 1810 consacra la totalité de son *feuilleton* à rendre compte de cet ouvrage en cherchant à le ridiculiser. L'article est signé S.

— HISTOIRE DE L'HOMME. *Premier brouillon. Introduction.* Deuxième cahier[1]; in-4° de 57 pages, sans date et sans nom d'imprimeur. En tête on lit :

AVERTISSEMENT

Mon objet, en faisant imprimer mes idées, est seulement d'obtenir, promptement et à peu de frais, quelques copies de mon travail; je ne le publierai qu'après avoir recueilli les avis des personnes qui voudront bien m'aider de leurs conseils. Ce ne sera qu'après avoir soigneusement examiné et médité les observations qui me seront faites que je procéderai à ma rédaction définitive. Jusqu'à cette époque, je me renfermerai dans le cercle des communications confidentielles.

Je vous prie, M....., de me faire part de vos observations. J'ai fait mettre du papier blanc entre les pages imprimées, pour vous faciliter le moyen de coucher vos idées par écrit; ce sera avec empressement que je vous communiquerai la suite de mon travail, si cela vous est agréable.

1. C'est l'écrit précédent qui forme le premier cahier.

Nota. *Les personnes qui ne voudront pas prendre la peine de m'aider de leurs conseils, sont priées de me renvoyer les copies qu'elles auront reçues.*

Toutes les copies que je communiquerai seront signées de moi. Cette précaution m'a paru nécessaire pour éviter la fraude des imprimeurs ou libraires qui pourraient être tentés de publier mes idées sans ma participation.

L'exemplaire que nous avons sous les yeux est en effet disposé comme le dit Saint-Simon dans cet *avertissement*, mais il ne porte pas sa signature. Il n'y aurait aucun intérêt à réimprimer ce travail dans lequel Saint-Simon expose des idées astronomiques qu'il avait, du reste, déjà produites, et qu'il a ensuite abandonnées, comme nous l'a appris Olinde Rodrigues[1].

1811

Nous ne connaissons aucune *publication* de Saint-Simon qui porte la date de 1811. Diard, ce valet de chambre de Saint-Simon, qui avait si noblement offert, à son ancien maître, une hospitalité qui doit lui mériter que son nom soit conservé dans nos Annales, Diard était mort en 1810, et Saint-Simon se trouvait plongé encore une fois dans la misère. Sa pensée dut naturellement se reporter sur ses démêlés financiers avec M. de Redern, mais ses préoccupations d'un ordre si élevé, l'ardent désir d'être à même de continuer ses travaux, avaient calmé l'irritation qu'il avait dû éprouver, et il pensa que peut-être il pourrait réveiller dans le cœur de son ancien associé le désir de partager sa gloire.

1. *Le Producteur*, t. III, p. 427; in-8°. Paris, 1826.

Nous trouvons la preuve de cette supposition dans quelques feuilles manuscrites de la main de Saint-Simon que l'un de nous a acquises dans une vente publique en 1867, feuilles que nous montrerons tout à l'heure avoir été écrites en 1811. Elles faisaient évidemment partie d'un manuscrit dont les deux premières parties sont perdues, car d'une part elles commencent à la page 7, d'une autre part elles s'expriment ainsi :

TROISIÈME PARTIE.

Cause de leur future réconciliation.

On ne change point d'organisation. MM. de Redern et de Saint-Simon ont reçu de la nature une organisation philosophique, ils la conserveront toute leur vie ; c'est cette similitude de vocation qui les a unis, c'est elle qui les réunira. Depuis à peu près huit mois M. de Saint-Simon a renoncé à la vie active, il a cessé de faire des expériences, il travaille à coordonner les matériaux qu'il a rassemblés. Les causes de l'éloignement de MM. de Redern et de Saint-Simon ont disparu ; la réconciliation entre ces deux anciens amis ne peut pas être éloignée, ils doivent être considérés comme deux voyageurs qui, sans avoir jamais cessé de tendre au même but, se sont séparés pendant quelque temps pour suivre des routes différentes, et qui se retrouvent aujourd'hui au point d'embranchement, auquel les deux routes secondaires rentrent dans la route principale.

Il y aura un beau travail philosophique à faire quand la réconciliation entre MM. de Redern et de Saint-Simon sera opérée. Ce travail consistera à généraliser les rapports qui ont existé entre les deux philosophes, à convertir ces observations en principes, et à déduire de ces principes une théorie dont voici l'aperçu :

Deux individus nés dans le même lustre, dont l'un est organisé d'une manière favorable pour la philosophie pratique, et l'autre pour les découvertes philosophiques, se rencontrant entre vingt et trente ans [1], se lieront nécessairement d'une intime amitié, ils resteront liés pendant tout le temps qu'ils emploieront à examiner les principes philosophiques connus. Quand ils auront fait ce travail, quand ils seront arrivés à leur point de départ virtuel, quand ils se seront lancés, l'un dans la carrière de la pratique, l'autre dans celle des découvertes, ils se brouilleront parce qu'ils croiront être exclusivement dans la bonne route.

Mais quand ils arriveront à l'automne de leur vie, quand celui qui se sera livré à la carrière des

1. Saint Simon avait vingt-huit ans, lorsque en 1788 il rencontra, pour la première fois, M. de Redern à Madrid.

découvertes renoncera à la vie expérimentale pour utiliser, au profit de la science, les découvertes qu'il aura faites, ils se réconcilieront et feront route commune pendant le reste de leur vie, qui leur offrira encore la perspective de grandes, suaves et longues jouissances.

Une génération est comme une année de végétation. Au printemps de la nature végétante, les champs, les vergers sont couverts de fleurs, ils prennent l'aspect le plus riant; au printemps de l'âge les enfants présentent un spectacle enchanteur.

L'été arrive. Que de fleurs ont avorté! que d'enfants sont morts! La nature cependant se montre dans toute sa richesse; les moissons couvrent la terre, les vergers sont chargés de fruits; la génération, dans la force de l'âge, montre l'homme dans toute sa beauté; on voit, à leur maturité, tous les talents dans les beaux-arts et dans les directions scientifiques particulières.

Arrive l'automne. L'automne a bien son mérite: elle donne aussi des fruits, elle donne les meilleurs, ceux qui se conservent le plus longtemps. Les philosophes sont des fruits d'automne, ils sont presque des fruits d'hiver.

Le but de cette comparaison est de mettre en

évidence aux yeux de MM. de Redern et de Saint-Simon cette vérité consolante pour eux : *Quoique arrivés à la cinquantaine*[1], *ils ont encore à parcourir la plus agréable partie de leur carrière, puisque leur vie a été employée à acquérir les moyens de contribuer aux progrès des lumières et à l'amélioration du sort de l'humanité, et qu'ils arrivent maintenant à l'époque de la maturité de leur talent.*

QUATRIÈME PARTIE.

Objet d'utilité publique vers lequel leurs efforts communs se dirigeront.

Les sciences ont commencé par être conjecturales, elles sont devenues positives. A son origine, l'astronomie n'était que de l'astrologie ; la chimie n'était que de l'alchimie ; la physiologie était infectée de charlatanisme ; les préjugés les plus absurdes servaient de base à la psychologie, elle nageait dans la superstition.

Aujourd'hui l'astronomie, la chimie, la physiologie et la psychologie sont basées sur des faits observés ; ainsi elles sont positives, ainsi la masse

1. Saint-Simon avait pris cinquante ans le 17 octobre 1810 ; voilà ce qui nous fait donner à ce manuscrit la date de 1811 ; nous en produirons, d'ailleurs, la preuve directe à la p. 111 de ce volume.

entière de la connaissance humaine est devenue positive, car il n'y a point de phénomène qui ne soit astronomique, chimique, physiologique ou psychologique.

Les sciences particulières sont les éléments de la science générale à laquelle on a donné le nom de philosophie; cette science est, sous son rapport passif, le résumé des connaissances acquises; sous son rapport actif, elle est l'indication des nouvelles routes scientifiques à ouvrir; l'aperçu des moyens à employer pour faire de nouvelles découvertes et pour compléter celles qui ont été entamées.

En examinant le caractère relatif et positif du tout et des parties de la science, on trouve que le tout et les parties ont dû commencer par avoir le caractère conjectural; qu'ensuite le tout et les parties ont dû avoir le caractère mi-conjectural et positif; qu'enfin le tout et les parties doivent acquérir, autant que possible, le caractère positif. Nous en sommes au point que le premier bon résumé des sciences particulières constituera la philosophie positive.

Il a été jusqu'à présent impossible de faire un bon système de philosophie; il est possible aujourd'hui de réussir dans cette entreprise, mais cela n'est point aisé, cela est même fort difficile. Pour le conduire à bon port, il faudrait joindre à une imagination ardente et hardie une âme parfaitement calme et un jugement très-étendu et très-sain : il faudrait, d'une part, avoir beaucoup pensé et fort peu lu pour produire des idées réellement neuves ; d'une autre part avoir beaucoup appris et beaucoup médité ses lectures pour être en état de comparer ses idées avec celles que les autres ont produites. Ces deux ordres de facultés, ces deux ordres d'acquis sont diamétralement opposés, ils ne peuvent donc pas être possédés par le même homme. Un seul homme ne peut donc pas faire un bon système de philosophie ; la réunion de deux hommes est donc nécessaire pour l'exécution de cette entreprise. M. de Redern remplit une des conditions, M. de Saint-Simon remplit l'autre ; qu'ils réunissent leurs efforts, ils atteindront le but.

Ils réuniront leurs efforts, ils atteindront le but.

LETTRES PHILOSOPHIQUES ET SENTIMENTALES

Première lettre

M. DE SAINT-SIMON A M. DE REDERN[1]

Alençon, ce

Cessez, je vous en conjure, d'isoler vos forces; considérons-nous comme compléments l'un de l'autre; comme formant un tout moral dont votre âme ainsi que la mienne constituent les deux moitiés. En combinant, en coalisant nos facultés, nous pourrons atteindre le plus haut degré de perfection, le plus haut degré de bonheur. Ce qu'il y aurait de plus grand, de plus beau, de plus utile, de plus satisfaisant à réaliser, ce serait d'organiser un bon système de philosophie, c'est-à-dire de faire une bonne *histoire du passé et de l'avenir de l'espèce humaine*. Cette entreprise n'est pas au-dessus de nos forces, elle me paraît d'un succès certain si vous voulez corriger et compléter le travail que je vous livrerai et dont une prochaine lettre contiendra la première partie.

1. Ces lettres sont certainement de 1811, comme nous en aurons la preuve dans un instant (p. 118 à 120 de ce volume).

Deuxième lettre

M. DE SAINT-SIMON A M. DE REDERN

Alençon, ce

Je ne puis vous exprimer combien je me trouve heureux depuis que j'ai conçu la formation d'un être moral composé de votre âme et de la mienne, amalgamées de manière à former un tout homogène. Ce n'est plus en moi que je vis, c'est dans cet être à la composition duquel mes défauts n'ont pas concouru, vos imperfections n'ont pas été admises. J'ai passé hier une journée délicieuse, j'étais dans une situation difficile à décrire, c'était une extase pendant laquelle je jouissais de la satisfaction pure de moi-même, de nous-mêmes : il y avait, dans mes sensations, quelque chose de transcendant, quelque chose de divin. J'avais conscience de votre prudence en remplacement de mon imprévoyance; de votre économie au lieu de mon laisser-aller en dépense; c'était le calme de votre âme que j'éprouvais ; l'agitation de la mienne avait disparu.

Prenez, mon ami, dans notre être commun, votre part de jouissance; jouissez des facultés que vous avez acquises; montez jusqu'aux plus hautes régions de l'entendement; formez-y des combinaisons neuves et utiles à notre bonheur ainsi qu'à celui de nos semblables; savourez le plaisir d'avoir fait des découvertes philosophiques; lisez dans le grand livre de l'avenir, découvrez-y les remèdes aux maux qui affligent dans ce moment toute l'humanité, et particulièrement la société européenne.

HISTOIRE DU PASSÉ ET DE L'AVENIR DE L'ESPÈCE HUMAINE.

Considérations préliminaires

L'aurore précède le jour; les aperçus devancent les idées claires; le grand ordre des choses a voulu que l'idée neuve et juste servant de noyau à une découverte fût entourée de fausses apparences, d'idées erronées. C'est Condorcet qui a conçu le premier le projet de faire l'histoire du passé et de l'avenir de l'intelligence générale. Son projet était sublime, l'exécution n'a rien valu[1].

1. Saint-Simon, malgré cette expression, ne rendait pas moins pleine justice à Condorcet; il avait dit en 1808 : « Je parlerai » souvent du travail de Condorcet, dont je ferai un examen » approfondi dans la première partie de mon second ouvrage. » Ce travail, quoique vicieux dans tous ses détails, est une des » plus belles productions de l'esprit humain. » (*Introduction aux travaux scientifiques du* XIXe *siècle*, t. I, p. 92.)

Nous allons relever ses erreurs les plus importantes.

Première faute de Condorcet.

De n'avoir pas fixé clairement le point de départ de l'intelligence humaine. Voyons son début.

« L'homme naît avec la faculté de recevoir des » sensations, d'apercevoir et de distinguer, dans » celles qu'il reçoit, les sensations simples dont » elles sont composées, de les retenir, de les re- » connaître, de les combiner, de comparer entre » elles ces combinaisons, de saisir ce qu'elles » ont de commun et ce qui les distingue, d'atta- » cher des signes à tous ces objets pour les recon- » naître mieux et s'en faciliter de nouvelles com- » binaisons. »

Condorcet, par ce début, donne une idée très-fausse du point de départ de l'intelligence humaine. Celui qui apprendra la philosophie dans son ouvrage croira que la première génération de l'espèce humaine a possédé, comme nous, un système de signes de convention, qu'elle a parlé une langue; il perdra de vue que le travail de la formation d'une langue a été le plus long et le plus pénible de tous les travaux d'intelligence.

Le premier pas est le plus important de tous; c'est celui qui détermine la direction. Plus on marche, quand le premier pas a été mal fait, plus on s'éloigne du but; plus les travaux ont été importants, plus leur résultat est absurde. Le début de Condorcet était vicieux, le résumé de son histoire du passé et de l'avenir de l'esprit humain a été extravagant.

Deuxième faute.

D'avoir présenté les religions comme ayant été un obstacle au bonheur de l'humanité, idée essentiellement fausse puisque l'histoire vulgaire constate que c'est au moyen des institutions religieuses que les hommes de génie ont civilisé l'espèce humaine. Certainement les religions, de même que les autres institutions, ont entraîné avec elles des inconvénients, mais cela n'empêche pas, qu'en somme, elles n'aient été plus utiles que nuisibles. Les religions n'ont jamais été, n'ont jamais pu être autre chose que des systèmes philosophiques matérialisés. Ainsi, dire que les religions sont essentiellement vicieuses, c'est déclarer que les systèmes philosophiques sont essentiellement vicieux, ou bien que le vulgaire est en état de combiner les idées les plus abstraites. La vérité est que les religions, de même que les autres institutions,, ont leur enfance, l'époque de leur vigueur, celle de leur décadence, et que pendant leur décadence elles sont nuisibles, de même que pendant leur enfance elles sont insuffisantes.

Condorcet, frappé des inconvénients de la religion catholique parvenue à la caducité, a perdu de vue que cette même religion a été l'institution à laquelle les Européens ont dû la restauration des mœurs des Romains, la civilisation des barbares habitants du Nord, ainsi que le défrichement et l'assainissement du pays qu'ils habitent.

Troisième faute.

D'avoir considéré l'intelligence humaine comme étant d'une perfectibilité indéfinie[1]; idée fausse puisque les facultés que l'esprit acquiert ne se cumulent point avec celles qu'il possédait et qu'elles remplacent seulement celles qu'il perd, ainsi que l'histoire nous le prouve. En effet, l'esprit humain a moins de verve que du temps d'Homère, puisqu'il n'a produit, depuis cette époque, aucun poëme comparable à l'*Iliade;* ses ciseaux se sont émoussés, puisque aucune statue moderne n'égale l'Apollon du Belvédère; ses compas se sont rapetissés, puisque les monuments modernes sont construits sur une échelle

1. Saint-Simon ne pouvait échapper à admettre plus tard que l'espèce humaine était indéfiniment *perfectible* sans pouvoir être jamais *parfaite*. (Note des éditeurs.)

inférieure en dimension à celle des murs de Babylone, des portes de Thèbes, du colosse de Rhodes, des temples de Palmyre.

Sa vigueur militaire a diminué puisque aucun peuple moderne n'a égalé, comme conquérant, les Grecs sous Alexandre, les Romains sous César, les Arabes sous Mahomet, les Tartares sous Gengiskhan; tandis que les modernes sont très-supérieurs aux peuples de l'antiquité dans les sciences physiques et mathématiques.

Les anciens n'avaient que des galères mal construites et qu'ils dirigeaient très-mal; nous avons aujourd'hui des vaisseaux capables de faire des voyages du plus long cours; nos connaissances astronomiques ont été perfectionnées au point de mettre nos marins en état de connaître exactement la distance à laquelle ils se trouvent de tous les points de la terre, après l'avoir perdue de vue pendant plusieurs mois. Nous faisons le tour du globe avec plus de facilité que les Phéniciens, les Grecs, les Carthaginois et les Romains n'atteignaient le point auquel ils avaient donné le nom de colonnes d'Hercule. Nous jouons avec le tonnerre qui était pour eux la foudre de Jupiter. Nous décomposons l'air et l'eau qu'ils regardaient comme des éléments. Nos astrologues, charlatans, devins, sorciers, tireurs de cartes, et autres diseurs de bonne et de mauvaise aventure, n'agissent plus que sur la canaille; ils sont relégués sur les places publiques, ils n'exercent plus d'influence sur les hommes chargés par la société de veiller à ses intérêts.

C'est aux progrès de la physiologie et de la psychologie que nous devons l'anéantissement de la superstition et l'avilissement des charlatans.

Condorcet ne s'est pas aperçu que le développement de l'intelligence générale était soumis à la même loi que celui de l'intelligence individuelle, que c'était un seul et même phénomène se présentant sur une petite échelle dans l'individu, sur une grande échelle dans l'espèce; que c'était dans. . .

. . . .

Ici s'arrête ce lambeau de manuscrit; il fut certainement achevé et envoyé à M. de Redern qui habitait le château de Flers dans le canton de Domfront (Calvados); mais l'accueil fut loin de répondre aux espérances que Saint-Simon avait pu concevoir, comme on en peut juger par les lettres suivantes :

Paris, ce lundi 14 octobre 1811.

Je n'ai pas dormi cette nuit, je ne dors plus, mais le désespoir ne m'a pas gagné; aucun vilain sentiment ne salit mon âme. Je pars demain, dans quelques jours mon sort sera décidé, c'est vous qui le déciderez, vous qui avez été mon ami, vous que j'aime malgré la dureté de votre conduite à mon égard. Il sera décidé par vous, qui avez la capacité nécessaire pour juger la valeur de l'esquisse de mon travail, esquisse à laquelle je reconnais mille imperfections, dont je me sens en état de rectifier une partie, quand je serai dans un état plus calme, et dont la plus grande partie ne peut être corrigée que par une personne jouissant de facultés opposées aux miennes.

Ces réflexions me donnent de l'espérance ; un sentiment plus positif fortifie mon âme, c'est la résolution que j'ai prise, quelle que soit votre conduite à mon égard, de n'avoir aucun tort vis-à-vis de vous ou plutôt de ne plus en avoir, car je ne prétends pas n'en avoir jamais eu. Du pain, les livres indispensables, une chambre, voilà tout ce que je vous demande, songez combien je serai malheureux à Alençon, jusqu'à ce que j'aie reçu votre réponse.

SAINT-SIMON.

Paris, ce mardi 15 octobre 1811.

C'est aujourd'hui que je pars, demain je serai à Alençon ; il est temps que cela finisse, voilà trois nuits que je n'ai fermé l'œil et que j'ai passées à me répéter involontairement : que deviendrai-je ! que deviendrai-je ! je vous l'ai dit déjà plusieurs fois, je vous le répète encore et je vous l'écrirai en arrivant à Alençon : du pain et des livres, voilà tout ce que vous demande votre ancien ami qui reconnaît avoir eu bien des torts vis-à-vis de vous, de sa famille et de tout le monde, mais qui se sent les moyens de réparer ses torts vis-à-vis de vous, de sa famille et de tout le monde, si vous lui donnez des livres indispensables et du pain.

SAINT-SIMON.

Alençon, ce jeudi 23 octobre 1811.

Votre lettre m'afflige profondément, le reste de ma vie sera employé à réparer mes torts, jamais je ne renoncerai au désir et à l'espoir de retrouver mon ancien ami, mais j'éviterai, avec le plus grand soin, de faire aucune démarche qui puisse le contrarier.

SAINT-SIMON.

Alençon, ce 23 novembre 1811.

Je reçois le paquet que vous m'avez renvoyé, votre refus de lire mon commencement de travail est pour moi la chose la plus pénible qui pouvait m'arriver. Je continuerai ce travail et il arrivera, j'espère, à un point où mon but sera atteint, celui de changer vos dispositions à mon égard. Quand il sera à ce point, vos nouveaux amis vous le diront, et vous regretterez de vous être opiniâtré à rester si longtemps inaccessible à celui qui serait bien malheureux s'il méritait le jugement que vous portez de lui. Je vais partir d'Alençon, je n'y ai pas fait une seule démarche qui puisse vous contrarier.

SAINT-SIMON.

1812

Saint-Simon réalisa-t-il le départ dont il parlait dans sa lettre du 23 novembre 1811? Il est vraisemblable que le manque d'argent l'en empêcha, car son séjour à Alençon se prolongea, comme nous allons le voir[1] :

Alençon, ce 20 juin 1812.

C'est à contre-cœur que je vous fais du mal, c'est parce que vous m'y forcez, car je vous aime et je désirerais partager avec vous les jouissances qui seront la récompense du long et pénible travail auquel je me suis livré et du succès que j'ai obtenu dans l'analyse de quelques idées capitales.

SAINT-SIMON.

L'explication de cette lettre est donnée par la publication suivante :

— MÉMOIRE INTRODUCTIF DE M. DE SAINT-SIMON

1. Suivant le Mémoire de M. de Redern, Saint-Simon revint à Paris, y toucha une somme de 500 francs qu'il lui faisait remettre, et revint à Alençon.

SUR SA CONTESTATION AVEC M. DE REDERN; in-4° de 25 pages. A Alençon, de l'imprimerie de Malassis le jeune, place du Cours. 1812.

En effet, dans ce *Mémoire*, M. de Redern est fort maltraité. Saint-Simon, après avoir exposé l'origine et la nature de la contestation (p. 1 à 3), consacre une première partie à rendre compte des actes divers de M. de Redern depuis leur séparation (p. 3 à 8); dans la seconde partie, il oppose à cette série d'actes le résumé de ses propres travaux, résumé que nous allons transcrire, parce qu'il montre que, tout en discutant avec M. de Redern, il avait la tête pleine des idées qu'il devait émettre dans les prodigieux Mémoires (selon l'expression d'Enfantin) qu'il devait écrire en 1813 :

L'avenir se compose des derniers termes d'une série dont les premiers constituent le passé. Quand on a bien étudié les premiers termes d'une série, il est facile de poser les suivants : ainsi, du passé bien observé on peut facilement déduire l'avenir. Cette idée a d'abord attiré mon attention sur l'enseignement.

Au XVe siècle, il était presque uniquement théologique. Depuis la réforme de Luther jusqu'à la brillante époque du siècle de Louis XIV, l'étude des auteurs profanes grecs et latins s'est par degrés introduite dans l'éducation publique, et cette étude, qui a continuellement pris de l'extension aux dépens de la théologie, a fini par devenir exclusive, de manière que cette dernière science a été reléguée dans des écoles spéciales.

Sous le règne de Louis XV, les sciences physiques et mathématiques ont commencé à jouer un rôle dans l'instruction; ce rôle est devenu de plus en plus important; enfin, elles forment aujourd'hui la partie essentielle de l'enseignement public, et l'étude de la littérature n'est plus considérée que sous les rapports d'agrément. En effet, pour s'informer si l'éducation d'une personne avait été soignée, on demandait, il y a cinquante ans : possède-t-elle bien ses auteurs grecs et latins? On demande aujourd'hui : est-elle forte en mathématiques? est-elle au courant des connaissances acquises en physique, en chimie, en histoire naturelle?

De cette série d'observations relativement à la marche de l'esprit humain dans ce qui regarde l'instruction publique, j'ai dû conclure que le premier pas qu'il ferait dans cette direction serait l'introduction de l'enseignement de la physiologie dans le cours général des études, puisque c'était la seule science d'observation qui n'y fût pas admise.

La même idée s'est aussi présentée à moi comme conséquence d'un autre principe, ou plutôt du même principe considéré sous le point de vue suivant :

Dans les sciences, le pas le plus utile est toujours celui qui suit immédiatement le dernier qui a été fait. L'entreprise scientifique qui contribue le plus aux progrès des lumières est constamment celle qu'ont préparée les travaux les plus récents des hommes de génie; car les idées les plus fortes, lorsqu'elles se trouvent trop en avant de l'état des lumières, ne sont presque d'aucune utilité; on les oublie avant que l'esprit humain soit capable d'en faire d'importantes applications. Il est prouvé que Pythagore a enseigné que le soleil était au centre du système; il paraît certain que plusieurs philosophes grecs ont soupçonné l'existence de la gravitation universelle[1], et qu'ils ont indiqué ce prin-

1. Ce qui est tout à fait certain, c'est qu'un auteur arabe, K'azouînî, que l'on a surnommé le Pline des Orientaux et qui est mort le 7 moharrem 682 de l'hég. * (mercredi 7 avril 1283 de J.-C. **), a écrit, dans son *Livre des merveilles des choses créées*, le passage suivant : « Parmi les anciens, quelques disciples de » Pythagore pensaient que c'était la terre qui tournait sans » cesse, et que le mouvement des étoiles n'était qu'apparent et » produit seulement par la rotation du globe : d'autres imagi- » naient qu'elle était suspendue au centre de l'univers, également » distante de tous les points, et que le firmament l'attirait de » toute part, ce qui lui faisait tenir un équilibre parfait; que, » comme il est de la nature de l'aimant d'attirer le fer, ainsi le » firmament avait la propriété d'attirer le globe terrestre qui, » soumis à une force attractive exerçant sur lui de toute part

* Abou-'l-Mahâçin, *El-Manhal-es-Sâfi*. (*Dictionn. des hommes célèbres.*)
** On sait que Képler est mort en 1630, Galilée en 1642, et Newton le 30 mars 1727.

cipe à leurs élèves. Je demande quel avantage les anciens ont tiré de ces deux idées qui servent maintenant de base à notre système astronomique. Ptolémée n'en a pas moins placé la terre au centre du monde; Copernic n'en a pas moins été obligé de découvrir et de démontrer la véritable situation du soleil; Képler ne s'en est pas moins trouvé forcé de découvrir ses belles lois; enfin Newton n'en a pas eu moins de mérite à les résumer par l'idée de la gravitation, à la découverte de laquelle il est parvenu par ses propres combinaisons [1].

Le dernier effort marquant, fait par un homme de génie pour perfectionner l'instruction publique, est évidemment celui de Vicq-d'Azyr [2], ainsi qu'on peut s'en convaincre par la lecture du passage suivant de son discours préliminaire : *Nulle science ne touche l'homme de si près que la physiologie;*

» une action égale, restait suspendu au centre. » (*Kitâb-el-Adjâïb-el-Khalouk'ât*, textuellement cité et traduit par Silvestre de Sacy dans sa *Chrestomathie arabe*, t. III, p. 422 et 423; in-8°, de l'I. I., 1806.) Nous avons pensé que Saint-Simon n'aurait pas manqué de citer ces premiers rudiments de l'idée de l'attraction universelle, s'il les avait connus. (Note des éditeurs.)

1. Tout ce paragraphe, à quelques faibles variantes près, forme le début de la préface qu'il a mise en tête de son beau *Mémoire sur la science de l'homme*, que nous aurons bientôt à mentionner. Nous justifions ainsi ce que nous avons dit des idées qui le préoccupaient en 1812. (Note des éditeurs.)

2. Né en 1748, mort le 20 juin 1794.

car la psychologie est une branche de la physiologie; cependant la physiologie est négligée; les médecins et les chirurgiens sont les seuls qui s'en occupent, parce que ce sont les seuls qui en aient un besoin direct pour leur instruction, et que le public les estime d'autant plus qu'ils l'ont étudiée plus longtemps et d'une manière plus approfondie. Cette science n'est pas, comme l'histoire naturelle et la chimie, cultivée par des amateurs qui consacrent à son avancement leur fortune et leurs veilles. Sans doute il répugne a l'homme de voir d'aussi près son néant, il fuit ce spectacle et il consent à s'ignorer lui-même, plutôt que de s'affliger à la vue de tant de misère. Mais si des amateurs avaient un peu de courage, s'ils prenaient sur eux de surmonter ce premier dégoût, ils verraient que cette étude offre un champ vaste et fécond en merveilles, qu'elle détruit des préjugés nombreux, qu'elle donne une explication satisfaisante de plusieurs phénomènes que chaque jour reproduit, qu'elle rectifie les idées fausses qu'on peut avoir prises sur l'économie animale; et, parmi les erreurs qu'elle dissipe, il n'en est aucune qui n'expose à quelques dangers et qui ne détourne l'homme de la vraie route du bonheur.

Je suis donc arrivé, par ce second examen, à un

résultat tout à fait semblable à celui que le premier m'avait donné. Faciliter à l'esprit humain les moyens d'entrer dans la carrière qu'il est appelé à parcourir est le meilleur usage que l'homme puisse faire de ses forces, et c'est celui que j'ai fait des miennes, puisque le travail dont je vais rendre compte a eu pour objet essentiel de disposer les connaissances physiologiques de manière à les faire entrer dans le cours général des études, ou plutôt dans le cours des études générales.

Celui qui est au courant de la science n'ignore pas que les plus célèbres auteurs qui ont écrit sur l'anatomie de l'homme et sur l'anatomie comparée, sur la physiologie de l'homme et sur la physiologie comparée, se sont particulièrement occupés de l'enseignement propre à former des médecins et des chirurgiens; qu'ils ont, en conséquence, principalement dirigé leurs recherches vers le cas de maladie. Il a donc fallu ajouter beaucoup aux connaissances acquises et changer l'ordre dans lequel elles avaient été exposées, pour traiter le cas général, qui est l'état de santé, le seul dont l'examen puisse faire partie de l'enseignement public. Plusieurs savants, frappés de l'utilité de ce travail, ont bien voulu m'aider de leurs conseils. M. le docteur Duméril, MM. les docteurs Burdin et Bourgon m'ont, dans ce genre de travail, rendu les services les plus importants. Enfin, grâce à leur secours, je me trouve aujourd'hui en état d'organiser une maison d'éducation dans laquelle l'enseignement de la physiologie marchera de front avec celui de la physique des corps bruts, ainsi qu'avec l'instruction en littérature ancienne et moderne.

Peu de mots suffiront, je crois, pour démontrer aux philosophes que la mise en activité de ce système d'études caractérisera l'époque scientifique la plus mémorable dont l'histoire de l'intelligence humaine puisse faire mention.

Les sciences particulières sont les éléments de la science générale à laquelle on donne le nom de philosophie; ainsi, la philosophie a eu nécessairement et aura toujours le même caractère que les sciences particulières.

L'enseignement de la physiologie et de la psychologie (qui est une branche de la physiologie) n'ayant pas encore cessé d'être renfermé dans les écoles spéciales, le cours des études générales se trouve encore basé sur des conjectures pour tout ce qui concerne la connaissance de l'homme. Mais, dès que ces deux sciences feront partie de l'instruction publique, la connaissance humaine se trouvant positive dans toutes ses parties, le sera également dans son ensemble, et les études se termineront naturellement par un cours de philosophie positive.

L'installation de l'enseignement de la physiologie et de la psychologie physiologique[1] dans le cours des études réalisera donc dignement le projet philanthropique pour l'exécution duquel je m'étais associé avec M. de Redern; nous aurons donc atteint le but que nous nous étions proposé, celui de créer un grand établissement d'utilité publique.

M. DE SAINT-SIMON A M. DE REDERN.

Nous nous trouvons donc enfin complétement en mesure, sous le rapport scientifique comme sous le rapport pécuniaire, de réaliser les brillantes espérances auxquelles nous nous sommes livrés à l'âge où l'homme forme ses plus nobles conceptions et projette ses plus glorieuses entreprises. Je vous invite à remplir votre part des engagements philanthropiques que nous avons réciproquement contractés : la route de l'honneur et du devoir est, dans

1. Je lui donne cette épithète pour la distinguer de la psychologie conjecturale, la seule qui soit enseignée dans les cours d'études générales. (Note de Saint-Simon.)

cette occasion, pour nous, celle du bonheur [1]..

. . . .

. . . .

C'est dans le plus grand état de recueillement que j'ai arrêté cette opinion; mais je ne suis point un illuminé [2]; mes déterminations ne me paraissent pas avoir été dictées par l'Être suprême; je me crois très-sujet à erreur, surtout quand je me trouve juge dans ma propre cause. Je suis donc prêt à soumettre toutes mes prétentions au jugement de MM. les sénateurs comtes Barthélemy, Boissy (d'Anglas) et le Couteulx. Si je connaissais en France des personnes d'une probité plus constatée, si j'en connaissais avec lesquelles vous eussiez eu des relations plus intimes, ce seraient elles que je vous proposerais pour arbitres.

Notre contestation n'est point de nature à être jugée par les tribunaux. La proposition que vous m'avez faite de la leur soumettre a été une nouvelle conséquence de la malheureuse tendance de votre organisation et du mauvais principe que vous avez adopté. La fonction des tribunaux consiste à faire

1. Saint-Simon discute ensuite ses comptes avec son ancien associé.

2. Il a précédemment reproché à M. de Redern d'appartenir à la secte des illuminés.

application de la loi. Il n'y a pas de loi qui règle les contestations survenant entre des associés qui sont convenus de faire emploi philanthropique du produit de leurs spéculations; ainsi, les tribunaux devraient se récuser; mais leur amour-propre les empêcherait de prendre ce parti, et ils me condamneraient : 1° parce qu'ils envisageraient l'affaire du point de vue financier; 2° parce qu'ils jugeraient d'après les formes, et que vous avez les formes pour vous.

Je vous déclare formellement que je ne plaiderai point, et que tous mes soins auront pour objet de constater, aux yeux de l'opinion publique, que vous avez profité de mon exaltation scientifique pour me dépouiller, pour vous enrichir et pour acquérir les moyens d'écraser l'industrie de vos voisins. . . . .

. . . .

M. de Redern répondit par un Mémoire daté du château de Flers, le 8 juillet 1812, et qu'il fit imprimer à Caen, chez G. Leroy, imprimeur de la cour impériale. Ce Mémoire, de 44 pages in-4°, est insolent dans sa forme; l'auteur y traite de fables les assertions de Saint-Simon, et n'y tient aucun compte des ménagements que celui-ci avait cherché à garder, comme on en a la preuve par la pièce suivante :

— RÉPONSE DE M. DE SAINT-SIMON A M. DE REDERN. Alençon, 25 juillet 1812.

C'est un manuscrit de vingt-cinq pages entièrement de sa main, parafé par lui à toutes les pages, et qui, à la dernière page, porte trois fois sa signature entière. Toutes ces précautions s'expliquent par ce fait que notre manuscrit est celui qui avait été déposé à la préfecture pour obtenir l'autorisation de le publier. Mais M. de Redern était puissant dans le département, et il lui suffit d'une démarche pour qu'on lise au bas de la dernière page :

Le baron de l'Empire, officier de la Légion d'honneur, préfet du département de l'Orne : Vu le manuscrit ci-dessus signé de M. de Saint-Simon, et remis par lui à l'effet d'obtenir l'autorisation de le faire imprimer ;

Arrête :

Il n'y a pas lieu à accorder l'autorisation réclamée par M. de Saint-Simon.

A Alençon, le 28 juillet 1812.

Le baron LAMAGDELAINE.

Nous ne donnerons que le court avant-propos de la réponse de Saint-Simon, parce que c'est d'après ces deux pages de son manuscrit que nous avons, tout à l'heure, parlé des ménagements qu'il avait gardés :

RÉPONSE DE M. DE SAINT-SIMON A M. DE REDERN.

Avant-propos.

Je désirais terminer à l'amiable la contestation qui existe entre M. de Redern et moi. Je lui ai manifesté ce désir dans un volume de lettres auxquelles il n'a pas répondu ; j'ai employé successivement tous nos amis communs, toutes les personnes qui m'ont paru en mesure d'exerçer quelque influence heureuse sur ses déterminations pour lui faire sentir qu'il n'était ni raisonnable, ni juste, de sa part, de refuser la proposition que je lui faisais de soumettre ce qui s'était passé entre nous à l'examen d'un tiers convenablement choisi. Ce n'est qu'après avoir échoué dans toutes ces tentatives que je me suis déterminé à rédiger et à faire imprimer le Mémoire ci-joint [1]. Je ne l'ai point publié, l'édition est encore chez moi; un exemplaire seulement a été remis à M. de Redern par un de ses voisins, dont le caractère conciliateur est bien connu; cette personne l'a quitté, après une conversation de trois heures, en lui disant : *J'attendrai votre réponse pendant huit jours, le Mémoire ne sera pas publié avant cette époque. M. de Saint-Simon vous propose de soumettre sa réclamation à M. le sénateur Barthélemy; je crois que vous auriez tort de refuser cette proposition.* Beaucoup plus de huit jours s'étaient écoulés, et je ne publiais pas mon Mémoire, espérant toujours que M. de Redern ferait une réponse convenable à la personne qui

1. Évidemment il joignait un exemplaire de son *Mémoire introductif* au Mémoire manuscrit qu'il demandait l'autorisation de publier. (Note des éditeurs.)

m'avait rendu le service de se porter intermédiaire; d'un autre côté, mon esprit travaillait encore pour découvrir les moyens de faire de nouvelles tentatives en conciliation quand j'ai appris que M. de Redern avait publié une réponse à un Mémoire que je tenais encore secret. Ainsi, c'est bien évidemment lui qui a été l'agresseur.

La publication du Mémoire de M. de Redern m'afflige profondément; ce n'est pas sous le rapport pécuniaire, car à cet égard elle m'est très-avantageuse, c'est relativement au tort que la publication de la discussion pourra faire à sa réputation et à la mienne. . . . .

. . . .

Malgré le refus que Saint-Simon avait éprouvé de la part du préfet de l'Orne, il imprima, peu après ce refus, une réponse :

— Réponse de M. de Saint-Simon a M. de Redern. *Première lettre*, 7 pages in-4°, sans nom d'imprimeur. Alençon, le 12 août 1812.

C'est une discussion dans laquelle il reproduit les chiffres tant de fois produits, et où il discute l'acte d'association. Cette pièce se termine par un *post-scriptum* ainsi conçu :

P.-S. — Votre Mémoire est rempli d'inculpations contre moi, qui sont aussi fausses qu'atroces. Votre objet était d'empêcher le lecteur de fixer son attention sur la question principale, qui est le monstrueux abus que vous avez fait du pouvoir que je vous ai confié, de régler nos partages comme vous avez voulu.

Lors de la distribution de votre Mémoire, vous avez usé de toutes les ressources de l'intrigue pour m'ôter les moyens de publier ma réponse ; ainsi votre conduite à mon égard est évidemment déloyale.

— Réponse de M. de Saint-Simon a M. de Redern. *Seconde lettre*, 4 pages in-8°, sans nom d'imprimeur; Alençon, le 18 août 1812.

Nous n'en reproduirons aussi que le *post-scriptum* :

P.-S. Vos principes de dévotion vous ont permis de me dépouiller; mon prétendu athéisme m'a porté à mettre tout dans vos mains. Vous conviendrez qu'il vaut mieux avoir pour associé un athée comme moi, qu'un dévot comme vous.

D'Alençon, Saint-Simon se rendit à Péronne où il fit une très-grave maladie, comme il le raconte lui-même dans une lettre qu'il écrivait à sa sœur Adélaïde, le 8 février 1813 :

La fièvre que j'ai eue, lui dit-il, a été telle qu'il n'est pas possible d'en avoir de plus forte sans y succomber. C'est sans aucune interruption que j'ai battu la campagne pendant un mois. Quand la fièvre m'a abandonné, je me suis trouvé dans un affaissement moral tel, que je ne pouvais pas lier deux idées. Ma tête se serait inévitablement détraquée pour toujours si je n'avais pas été soigné par un médecin capable et prudent [1]; si madame de Folville, M. Coutte et M. Danicourt, n'avaient pas abondamment versé dans mon âme des consolations et de l'espérance . . . .

. . . . Mon premier moyen de salut a été l'amitié que M. Coutte m'a gardée . . .

L'âme de cet homme n'est pas d'une trempe ordinaire; il a une grande énergie, et il possède au plus haut degré le talent de faire adopter le parti qu'il conseille de prendre. Voici ses propres paroles : « Une grande révolution morale ne peut pas » s'opérer, se faire dans un individu, sans qu'il » éprouve une grande crise physique. La maladie » que vous venez d'essuyer sera votre sauveur, si » vous savez tirer parti de la circonstance. Ce sera » pour vous un nouveau point de départ, etc., etc. » Je ne vous en dirai pas plus long parce que j'en aurais trop à vous dire pour vous raconter toutes les

1. La suite de la lettre montre que ce médecin était M. Capon, de Péronne.

idées énergiques et sensées qu'il m'a présentées[1].

Quand mes forces physiques ont été un peu rétablies, je suis venu à Paris ; je suis descendu chez M. Coutte, qui m'a fait part des arrangements pris pour moi par mon frère, dans un hôtel garni donnant sur le Palais-Royal . . . . et où je suis depuis ce temps.

1813

La fin de la maladie de Saint-Simon fut en effet pour lui, comme l'avait prévu M. Coutte, un nouveau point de départ, et, dans l'année 1813, il écrivit les deux ouvrages suivants :

— MÉMOIRE SUR LA SCIENCE DE L'HOMME. Manuscrit dont il fit tirer un certain nombre de copies.

La date de ce travail est parfaitement établie par Saint-Simon lui-même ; on lit dans sa Préface :

Je prends douze ans, à partir du 1er janvier 1813, pour l'exécution (c'est depuis cette époque, en effet, que j'y travaille). Mon *Mémoire sur la science de l'homme* sera présenté aux Sociétés savantes de l'Europe, le 1er janvier 1816 ; celui *sur la philo-*

1. Il est facile de voir que M. Coutte a encouragé Saint-Simon à continuer ses travaux, mais que celui-ci ne veut pas le dire à sa sœur. (Note des éditeurs.)

sophie, le 1er janvier 1819; celui *sur la réorganisation du clergé*, le 1er janvier 1822; et celui *sur les réorganisations nationales des différents peuples*, le 1er janvier 1825.

Saint-Simon ne pouvait pas se douter, en écrivant cette dernière ligne, qu'il venait de marquer le terme de sa vie : il est mort le 19 mai 1825.

— TRAVAIL SUR LA GRAVITATION UNIVERSELLE. MOYEN DE FORCER LES ANGLAIS A RECONNAÎTRE L'INDÉPENDANCE DES PAVILLONS. Dédié à l'Empereur, et présenté au sénat conservateur, au conseil d'État et aux trois premières classes de l'Institut, par Henry de Saint-Simon, cousin du duc de Saint-Simon, auteur des *Mémoires sur la Régence*. Décembre 1813.

Ces deux écrits, que Saint-Simon ne destinait pas à une publicité immédiate, mais dont il envoya des copies à un certain nombre de personnes compétentes pour les consulter et réclamer le concours de leurs lumières, restèrent manuscrits jusqu'en 1858. date à laquelle Enfantin les fit imprimer à la suite de son beau travail intitulé : *Science de l'homme, physiologie religieuse.* « Nous croyons, dit-il à la fin de l'avertissement qu'il a placé en » tête, que le moment est venu où la publicité donnée à ces tra- » vaux de notre maître doit être d'une haute utilité. En les » publiant, nous nous faisons un devoir de ne rien ajouter au » texte, tout en déclarant, conformément à notre foi au progrès, » que ce respect n'implique pas, de notre part, une adhésion » absolue et aveugle à toutes les idées exprimées dans ces pre- » mières et intimes révélations de l'homme de génie. Ses travaux

» ont été et sont toujours pour nous le germe que nous avons » mission de cultiver, de développer et même d'émonder, en un » mot d'améliorer.

» En conséquence, nous nous sommes permis quelques légères » suppressions qui, nous le croyons fermement, auraient été » effectuées par Saint-Simon, s'il avait publié lui-même ces pro» digieux manuscrits. »

En 1859, une seconde édition des deux mêmes travaux a été donnée par M. Lemonnier, dans le tome II des *Œuvres choisies.* L'éditeur prévient que sa publication est faite sur une copie dont le texte diffère en plusieurs passages du manuscrit publié par Enfantin. Le manuscrit que M. Lemonnier a eu à sa disposition avait appartenu à Bazard [1]. Ce manuscrit donnait, à sa seconde page, une liste des personnes à qui Saint-Simon envoya des copies de son travail ; nous la reproduisons ici :

MM. les Professeurs de l'Athénée de Paris, nominativement à M. Pariset;

MM. de la première classe de l'Institut, nominativement à MM. Portal et Pelletan ;

MM. les Professeurs du Musée d'histoire naturelle, nominativement à M. Cuvier;

MM. les Professeurs de l'Université impériale, nominativement à M. Geoffroy Saint-Hilaire ;

MM. les Professeurs de l'École de médecine de Paris, nominativement à M. Hallé ;

MM. les Professeurs du College de France, nominativement à M. Blainville, comme y ayant suppléé M. Cuvier ;

MM. les Médecins des Hôpitaux de Paris, nominativement à M. Chaussier ;

MM. les Chirurgiens des Hôpitaux de Paris, nominativement à M Dupuytren;

MM. les Médecins des armées, nominativement à M. Burdin;

MM. les Medecins pour les maladies causées par vice d'organisation, nominativement à M. Itard;

1. *Œuvres choisies* de C.-H. de Saint-Simon, t. I, p. cviii, note 2.

MM. les Auteurs des ouvrages physiologiques, nominativement à M. Pinel;

MM. les Médecins de la Famille Impériale, nominativement à M. Corvisart;

MM. les Professeurs du Collége d'Alfort, nominativement à M. Girard;

MM. les Professeurs de la Faculté de médecine de Montpellier, nominativement à MM. Lordat, Prunelle et Candolle;

MM. le prince de Bénévent, de Choiseul-Gouffier, de Ségur, de Jaucourt et de Narbonne;

MM. les Physiologistes et Philosophes allemands, nominativement à MM. Solmmering, Autenricht et Gall, Œlsner et Ancillon;

MM. les Physiologistes italiens, nominativement à M. Scarpa;

MM. les Physiologistes anglais, nominativement à M. Everard-Home.

A cette liste, nous pouvons ajouter, d'après une feuille volante manuscrite que nous avons sous les yeux : Cambacérès, Lebrun, le Ministre de l'intérieur, le Ministre des relations extérieures, le Ministre de la justice, Lacépède, ... [1], le baron Degerando, conseiller d'État.

Ce fut surtout, croyons-nous, du *Travail sur la gravitation universelle* qu'il envoya le plus grand nombre de copies; il avait rédigé trois lettres dont, suivant les personnages, il accompagnait son envoi; ainsi à M. Degerando il disait :

Monsieur le baron,

Ne dois-je donner à ce travail que le caractère scientifique?

Dois-je lui imprimer un cachet de circonstance?

[1]. Deux noms illisibles.

Dois-je terminer l'épisode et le projet de proclamation?

Dois-je supprimer l'épisode et l'épître dédicatoire?

Quelle forme dois-je donner à ce travail pour le rendre agréable à l'Empereur et utile à l'État?

J'ai l'honneur d'être, Monsieur, avec la plus grande confiance dans votre jugement, et la plus parfaite estime pour votre caractère philanthropique,

Votre très-humble et très-obéissant serviteur,

HENRY DE SAINT-SIMON.

Paris, ce 8 décembre 1813.

Chez Didot, imprimeur, rue des Maçons (Sorbonne), nº 13.

A ceux qui avaient des places largement rétribuées ou qu'il savait être riches, il ne craignait pas de demander des secours, car sa misère était affreuse à cette époque.

M....,

Soyez mon sauveur; je meurs de faim; ma position m'a ôté les moyens de présenter mes idées avec la mesure convenable, mais la valeur de ma découverte est indépendante du mode de présentation que les circonstances m'ont forcé d'adopter pour fixer plus promptement l'attention[1]. Suis-je parvenu à trouver une nouvelle route philosophique? Voilà la question. Si vous prenez la peine de lire mon travail, je suis sauvé.

Livré depuis nombre d'années à la recherche d'une route philosophique nouvelle, j'ai dû nécessairement m'éloigner de l'école comme de la société, et je dois me trouver pour le moment, après avoir fait la découverte la plus importante, dans l'état d'isolement le plus absolu.

Uniquement occupé de l'intérêt général, j'ai négligé mes affaires personnelles au point que voici exactement ma position : *depuis plus de trois semaines je mange du pain sec et je bois de l'eau; je travaille sans feu et j'ai vendu jusqu'à ma dernière chemise pour fournir aux frais des copies nécessaires pour faire connaître mon travail*[2].

J'attends des secours avec l'impatience d'un homme accroché à une branche qui pend sur l'abîme le plus profond.

1. Il fait évidemment allusion ici au titre : *Moyen de forcer les Anglais à reconnaître l'indépendance des pavillons.* (Note des éditeurs.)

2. Nous transcrivons cette phrase d'après une copie corrigée par Saint-Simon lui-même. Olinde Rodrigues, dans son édition (p. XXXVIII), lui fait dire, sous la date de 1812 : *Depuis quinze*

Il lui fut donné le conseil de s'adresser à l'Empereur, et il présenta le placet suivant :

SIRE,

Je suis le cousin du duc de Saint-Simon, auteur des *Mémoires sur la Régence*. J'étais colonel du régiment d'Aquitaine au moment de la révolution; je meurs de faim. Les événements politiques m'ont ruiné, la passion de la science m'a réduit à la misère. Je travaille depuis quinze ans à un ouvrage qui serait bientôt terminé si j'avais des moyens d'existence.

MM. les chevaliers Cuvier et Hallé, ont connaissance du commencement de mon travail, ils trouvent qu'il renferme des idées capitales et neuves. Je supplie VOTRE MAJESTÉ de m'accorder des secours. C'est le prince archi-chancelier qui m'a inspiré la confiance de solliciter directement les bienfaits de VOTRE MAJESTÉ.

jours, je mange du pain et je bois de l'eau ; je travaille sans feu, et j'ai vendu jusqu'à mes habits pour fournir aux frais des copies de mon travail. C'est la passion de la science et du bonheur public, c'est le désir de trouver le moyen de terminer, d'une manière douce, l'effroyable crise dans laquelle toute la société européenne se trouve engagée, qui m'ont fait tomber dans cet état de détresse. Ainsi c'est sans rougir que je puis faire l'aveu de ma misère, et demander les secours nécessaires pour me mettre en état de continuer mon œuvre.

Je suis, avec le plus profond respect, SIRE, de VOTRE MAJESTÉ,

Le très-dévoué, très-soumis et fidèle sujet.

Chez Didot, rue des Maçons, nº 13.

C'était en effet Cambacérès qui avait donné à Saint-Simon le conseil de demander des secours à l'Empereur. Mais à la fin de 1813, les armées alliées commençaient à franchir les limites de la France; Saint-Simon prévoyait que si l'Empereur répondait à son placet, la réponse se ferait attendre, et, dans l'urgence où il se trouvait, il écrivait à plusieurs ministres :

Monseigneur,

Le prince archi-chancelier, à qui j'avais fait les mêmes envois[1] et écrit les mêmes lettres qu'à Votre Excellence, m'a fait appeler pour me dire qu'il me conseillait de demander directement des secours à l'Empereur; j'ai rédigé la pétition ci-jointe, je la lui ai soumise, il l'a approuvée ; je l'ai adressée au grand chambellan et au ministre de l'intérieur, en les priant de vouloir bien la mettre sous les yeux de S. M.

Monseigneur, je vous prie de vouloir bien appuyer ma pétition auprès de S. M.; je vous demande aussi de m'accorder des secours personnels de votre bourse, qui me permettent d'attendre sans

1. L'envoi des copies de son travail. (Note des éditeurs.)

souffrance les heureux effets de la munificence impériale.

Une demande si délicate a besoin d'être motivée pour conserver au demandeur un noble caractère. Voici le principe qui me guide dans ma conduite.

La constitution la mieux combinée ne peut point assurer à un peuple les jouissances d'un bon ordre social, s'il n'a point de bonnes habitudes, si la classe éclairée et riche ne professe point de nobles et généreux sentiments.

Le gouvernement est un mal nécessaire, il est un bien sous ce rapport qu'il empêche le plus grand de tous les maux, qui est l'anarchie. Les hommes instruits doivent toujours se proposer pour objet de réduire la force du gouvernement à l'action nécessaire pour le maintien de l'ordre. Or, Monseigneur, si un penseur ne peut espérer obtenir des moyens d'existence que du gouvernement, il se trouvera obligé d'employer les forces de son intelligence, bien plus à flatter le gouvernement, qu'à trouver des pensées neuves et utiles. Les hommes riches et éclairés doivent employer une partie de leurs revenus à donner de l'indépendance aux penseurs lancés dans une bonne direction philosophique. C'est ainsi que j'ai usé de la fortune tant que j'en ai eu. Vous êtes, Monseigneur, éclairé, riche; je suis penseur, uniquement occupé d'indiquer les moyens de *réorganiser la société européenne.* Ainsi, la demande que je vous fais de secours pécuniaires n'a rien que d'honorable pour vous et pour moi.

Les idées s'éclaircissent en travaillant; les miennes sont arrivées à ce degré de clarté qui me permet de traiter directement la question: *la réorganisation de la société européenne.* S'il m'arrive des moyens de subsistance, je réponds que dans quinze jours le Mémoire sera écrit; je réponds que je traiterai la question sans employer aucune idée scientifique, je réponds enfin que l'Empereur trouvera, dans ce Mémoire, des idées qu'il pourra employer utilement pour forcer les Anglais à reconnaître l'indépendance des pavillons.

C'est le dernier degré de misère, c'est le manque de pain et de bois qui me forcent à vous faire une demande d'argent. Plein de confiance dans la libéralité des sentiments de Votre Excellence, j'ose espérer que les vingt-quatre heures ne se passeront pas sans que je reçoive d'Elle des secours pécuniaires.

J'ai l'honneur d'être, etc.

— MÉMOIRE SUR L'ENCYCLOPÉDIE.

A-t-il existé, parmi les manuscrits que possédait Ol. Rodrigues, un ouvrage de Saint-Simon portant ce titre? Il a été indiqué p. 13 de la *Bibliographie saint-simonienne*, mais là aucune description n'en est donnée parce que l'auteur ne l'avait pas sous les yeux. Après le décès d'O. Rodrigues (17 décembre 1851), ce manuscrit n'a pas été trouvé dans les papiers du disciple, et on peut émettre des doutes sur son existence. Cependant il y a beaucoup de raisons de pencher pour l'affirmative : 1° on lit dans un article rédigé par Ol. Rodrigues : « Il n'a été » publié qu'un aperçu des Mémoires relatifs à l'Encyclopédie, » sous le titre de *Prospectus d'une nouvelle encyclopédie* qui » parut en 1810[1]; les *autres Mémoires inédits* ont été écrits » dans le cours de 1813[2]; » 2° dans aucun des manuscrits ou imprimés que nous connaissons ne se trouvent les pages suivantes de Saint-Simon que Rodrigues a imprimées en 1826 :

Le mot encyclopédie, dont les racines sont grecques, signifie enchaînement des sciences; ainsi, un ouvrage revêtu du titre d'*Encyclopédie,* doit présenter des vues sur l'organisation du système scientifique.

Une bonne encyclopédie serait une collection complète des connaissances humaines rangées dans un ordre tel que le lecteur descendrait, par des échelons également espacés, depuis la conception

1. Voyez p. 89 et 96 de ce volume.

2. *Le Producteur*, t. III, p. 427 ; in-8°, Paris, 1826. Voyez aussi p. 428.

scientifique la plus générale jusqu'aux idées les plus particulières, et *vice versa.*

Ainsi l'humanité posséderait la science parfaite, si elle avait une bonne encyclopédie.

L'humanité ne possédera jamais une encyclopédie parfaitement bonne, car elle ne saurait atteindre à la perfection scientifique.

La perfection est le but vers lequel l'esprit humain doit se diriger, malgré la certitude qu'il a de ne pas l'atteindre; car c'est la meilleure route qu'il ait à suivre pour faire des progrès.

La tendance de l'esprit humain sera donc toujours de composer une encyclopédie, tandis que sa perspective est de travailler indéfiniment à l'amas des matériaux qu'exige la construction de l'édifice scientifique et à l'amélioration de ce plan, sans jamais compléter l'approvisionnement de ces matériaux.

L'Encyclopédie du XVIIIe siècle a été faite dans un esprit bon pour le temps, mauvais pour l'époque actuelle. Elle a été construite d'après un plan proportionné aux lumières d'alors, et très-inférieur à celui que les lumières acquises depuis ont mis à portée de concevoir. Il n'y a même d'encyclopédique dans tout le travail que le discours préliminaire. Il reste une lacune immense entre ce discours préliminaire et le corps de l'ouvrage, qui n'est qu'un dictionnaire général.

D'Alembert et Diderot ont admis la division de Bacon ; ils ont classé les sciences en sciences de mémoire, sciences de raison et sciences d'imagination. Cette division est vicieuse parce que chaque science particulière exigeant le concours de toutes les facultés de notre intelligence, une division qui partage notre intelligence en trois facultés ne peut porter que sur des nuances, et laisse nécessairement les différences les plus essentielles entièrement confondues : par exemple, on peut bien dire que la botanique exige plus de mémoire que de raison et d'imagination; mais on ne saurait concevoir l'existence d'un botaniste entièrement dépourvu de raison et d'imagination.

Le principe d'après lequel on doit former l'encyclopédie du XIXe siècle, est celui que la science, dans son ensemble comme dans ses parties, doit être basée sur l'observation. C'est donc l'analyse des progrès de l'esprit humain qui doit servir de base à l'encyclopédie. C'est cette analyse qui doit fournir la division de ce grand livre de la science [1].

1. *Le Producteur*, t. III, p. 430 à 432; in-8°, Paris, 1826.

1814

Le 20 avril 1814 l'Empereur avait quitté Fontainebleau pour se rendre à l'île d'Elbe avec quatre cents hommes de sa vieille garde, et le 24 du même mois Louis XVIII avait débarqué à Calais. Une révolution s'était accomplie. La gravité de ces événements avait dû suspendre l'émission, l'épanchement pour ainsi dire, des idées de Saint-Simon, mais n'avait pu arrêter leur cours. Au nombre des personnes auxquelles Saint-Simon avait adressé son *Mémoire sur la science de l'homme* se trouvait Augustin Thierry qui, dans une lettre datée de Compiègne le 13 janvier 1814, montrait qu'il avait compris la portée de ce travail, mais reculait devant l'idée de paraître en accepter les conséquences dans un compte rendu que Saint-Simon, doit-on croire, lui avait demandé :

« Vous avez écrit pour les savants, lui dit-il dans cette lettre ; » je dois écrire pour les gens du monde ; ainsi notre marche ne » doit pas être la même. Vous pouvez être hardi tout à votre » aise, mais il faut que je me montre plus circonspect. Annoncer » tout d'un coup le but et le plan de tout l'ouvrage, ce serait » peut-être effrayer des lecteurs peu habitués à l'exercice de la » pensée, et par conséquent peu capables de s'élever tout d'un » coup à la hauteur d'une idée trop générale : ainsi, j'ai cru » qu'il était à propos de présenter d'abord isolé le *Mémoire sur* » *la science de l'homme*, et de ne laisser voir que plus tard dans » quelle intention il a été écrit. Cette histoire des progrès de » l'esprit humain fondée tout entière sur des faits, et remplie » d'idées neuves et ingénieuses, en excitant l'attention du lec- » teur, le préparerait peut-être à écouter, avec moins de surprise, » les idées qui doivent suivre...... Je suis pénétré, monsieur, de » la bonté que vous avez de me faire votre secrétaire, et de » faire passer à la faveur de vos belles idées, les premiers essais » de ma plume. Je répondrai, monsieur, autant qu'il sera en » moi à vos intentions généreuses. Si vous daignez me faire » connaître à quelques directeurs de journaux, ayez la bonté de » taire mon nom ; car je suis engagé dans une carrière où les

» réputations sont délicates, et j'ai pour arbitres de mon sort » des gens en qui tout abonde excepté le sens commun. Vous » entendez qui je veux dire. Permettez-moi, monsieur, que je » félicite ici mon ami Péclet du bonheur qu'il a de vous con- » naître.....»

Il résulte de cette lettre que ce fut M. Péclet qui servit d'intermédiaire entre Saint-Simon et Augustin Thierry, et il va résulter de la publication suivante, que ce dernier prit courage, et craignit moins de compromettre son nom.

— DE LA RÉORGANISATION DE LA SOCIÉTÉ EUROPÉENNE, par M. le comte de Saint-Simon et par M. A. Thierry, son élève. Brochure in-8° de 112 pages; octobre 1814. De l'imprimerie de Adrien Egron, rue des Noyers, n° 37.

Cette brochure eut un certain succès; Saint-Simon avait profité, pour la publier, du peu d'instants où la presse avait été libre, et le gouvernement de Louis XVIII s'émut de cette publication à ce point que nous possédons une lettre adressée à M. Beuchot [1], ainsi conçue :

DIRECTION GÉNÉRALE

De l'Imprimerie et de la Librairie.

« Paris, le 27 octobre 1814.

» S'il en est encore temps, je vous prie de ne pas annoncer, » dans le *Journal de la Librairie*, la brochure intitulée : *De la » réorganisation de la société européenne*, par Saint-Simon, im- » primerie d'Égron.

» PAGÈS. »

1. Qui était, comme on sait, rédacteur du *Journal de la Librairie*.

Dès le mois de novembre parut une seconde édition, mais elle avait passé par la censure. Saint-Simon s'était donné la peine de disposer un certain nombre d'exemplaires de la manière suivante: au-dessous du faux-titre était écrit de sa main : « N. B. Cet ouvrage, imprimé d'abord pendant le peu de temps où la presse » a été libre, n'a pu être réimprimé sans être soumis à la censure. Les censeurs ont altéré des passages et en ont ajouté » d'autres de leur façon; on a rétabli à la main ce qu'ils avaient » défiguré et supprimé ce qu'ils avaient ajouté. »

Nous avons un de ces exemplaires sous les yeux.

L'annonce de la *seconde édition* se trouve dans le n° 48 (samedi 3 décembre 1814) du *Journal général de l'Imprimerie et de la Librairie* (t. IV, p. 375).

Le *Censeur* renferme un long article signé G. F. sur cet écrit de Saint-Simon (t. IV, p. 63 à 87. — Voyez le même volume, p. 189. 1815).

Nous allons, bien entendu, donner le texte de la *première édition*.

DE LA RÉORGANISATION

DE LA

SOCIÉTÉ EUROPÉENNE

OU

DE LA NÉCESSITÉ ET DES MOYENS

DE RASSEMBLER LES PEUPLES DE L'EUROPE
EN UN SEUL CORPS POLITIQUE EN CONSERVANT A CHACUN
SON INDÉPENDANCE NATIONALE

PAR

M. LE COMTE DE SAINT-SIMON

ET PAR A. THIERRY, SON ÉLÈVE

OCTOBRE 1814

DE LA

RÉORGANISATION

DE

LA SOCIÉTÉ EUROPÉENNE

AVERTISSEMENT

Cet ouvrage a été hâté par les circonstances ; il ne devait paraître que plus tard et avec de plus grands développements. Je me nuis sans doute à moi-même en le publiant avant le temps ; mais quiconque écrit pour être utile, doit savoir se compter pour peu de chose.

Si cet essai est bien reçu du public, une seconde édition étendra davantage ce que le temps ne m'a point permis de développer dans celle-ci.

Qu'on se souvienne que dans tout le cours de cet ouvrage, le clergé ne sera considéré que dans ses rapports politiques avec les diverses situations de l'Europe, et que la religion chrétienne sera envisagée seulement comme une opinion sur laquelle étaient fondés ces rapports, et dont les variations successives les ont modifiés de différentes manières.

AVANT-PROPOS

Les progrès de l'esprit humain, les révolutions qui s'opèrent dans la marche de nos connaissances, impriment à chaque siècle son caractère.

Le XVIe siècle fut fécond en théologiens, ou plutôt tel a été le train des esprits dans ce siècle, que presque tout ce qu'il y eut d'écrivains s'occupa de questions théologiques.

Au XVIIe siècle, les beaux-arts fleurirent, et l'on vit naître les chefs-d'œuvre de la littérature moderne.

Les écrivains du siècle dernier furent philosophes. Ils firent voir que les grandes institutions sociales étaient fondées sur des préjugés et sur des superstitions, et ils firent tomber les superstitions et les pouvoirs qui émanaient d'elles. Ce fut le siècle des révolutions et de la critique.

Quel sera le caractère du nôtre? Jusqu'ici, il n'en a eu aucun. Se traînera-t-il toujours sur les traces du siècle précédent? et nos écrivains ne seront-ils rien autre chose que les échos des derniers philosophes?

Je ne le pense pas; la marche de l'esprit humain, ce besoin d'institutions générales qui se fait sentir si impérieusement par les convulsions de l'Europe, tout me dit que l'examen des grandes questions politiques sera le but des travaux de notre temps.

La philosophie du siècle dernier a été révolutionnaire; celle du XIXe siècle doit être organisatrice.

Le défaut d'institutions mène à la destruction de toute société; les vieilles institutions prolongent l'ignorance et les préjugés du temps où elles sont faites. Serons-nous contraints de choisir entre la barbarie et la sottise?

Écrivains du XIXe siècle, à vous seuls appartient de nous ôter cette triste alternative!

L'ordre social a été bouleversé, parce qu'il ne convenait plus aux lumières : c'est à vous d'en créer un meilleur : le corps politique a été dissous, c'est à vous de le reconstituer.

Un tel travail est pénible, sans doute; mais il ne surpasse pas vos forces; vous régnez sur l'opinion, et l'opinion règne sur le monde.

Soutenu de l'espoir d'être utile, j'ose entreprendre d'ouvrir la route ; et, dans ce premier essai, je hasarde un coup d'œil sur la situation de l'Europe et les moyens de la réorganiser.

Un monarque, pour être grand, doit protéger les sciences et les arts. Ce propos, tant de fois répété, est l'expression vague d'une vérité qui n'a pas encore été sentie.

Ceux-là seuls, parmi les rois, ont exercé une grande action dans le monde, qui, se laissant aller au mouvement de leur siècle, ont marché dans la route que traçaient les écrits de leurs contemporains. Je n'ai pas besoin d'en dire la raison ; elle se voit assez d'elle-même.

Charles-Quint et Henri VIII étaient théologiens et protégeaient la théologie, et certes leurs règnes furent plus beaux que celui du galant et spirituel François Ier.

Louis XIV brilla seul au milieu des rois de son siècle, et Louis XIV, dans toute l'Europe, se fit le protecteur des lettres et de ceux qui les cultivaient.

Le XVIIIe siècle ne compte que deux noms illustres parmi les souverains, Catherine et le grand Frédéric ; et ces noms sont ceux des amis des philosophes et des appuis de la philosophie.

Quels rois soutiendront de leur faveur les travaux des écrivains de notre siècle?

Si deux princes que les lumières des peuples qu'ils gouvernent désignent d'avance pour les protecteurs de tout ce qu'il y a de noble et de bon, daignaient se souvenir qu'en hâtant le cours de l'esprit humain dans son temps, un roi travaille à sa grandeur, combien promptement s'achèverait cette réorganisation de l'Europe, le but de tous nos efforts, le terme de tous nos travaux!

AUX PARLEMENTS

DE FRANCE ET D'ANGLETERRE

Messeigneurs,

Avant la fin du xve siècle, toutes les nations de l'Europe formaient un seul corps politique, paisible au dedans de lui-même[1], armé contre les ennemis de sa constitution et de son indépendance.

La religion romaine, pratiquée d'un bout de l'Europe à l'autre, était le lien passif de la société européenne; le clergé romain en était le lien actif. Répandu partout, et partout ne dépendant que de lui-même, compatriote de tous les peuples et ayant son gouvernement et ses lois, il était le centre duquel émanait la volonté qui animait ce grand corps et l'impulsion qui le faisait agir.

Le gouvernement du clergé était, ainsi que celui de tous les peuples européens, une aristocratie hiérarchique.

1. Quand je dis paisible, c'est par comparaison à ce qu'on a vu depuis et à ce qu'on voit aujourd'hui.

Un territoire indépendant de toute domination temporelle, trop grand pour être facilement conquis, trop petit pour que ceux qui le possédaient pussent devenir conquérants, était le siége des chefs du clergé. Par leur pouvoir, que l'opinion élevait au-dessus du pouvoir des rois, ils mettaient un frein aux ambitions nationales; par leur politique, ils tenaient cette balance de l'Europe, salutaire alors, et devenue si funeste depuis qu'un peuple s'en est saisi.

Ainsi, la cour de Rome régnait sur les autres cours, de la même manière que celles-ci régnaient sur les peuples, et l'Europe était une grande aristocratie, partagée en plusieurs aristocraties plus petites, toutes relevant d'elle, toutes soumises à son influence, à ses jugements, à ses arrêts.

Toute institution fondée sur une opinion ne doit pas durer plus longtemps qu'elle. Luther, en ébranlant dans les esprits ce vieux respect qui faisait la force du clergé, désorganisa l'Europe. La moitié des Européens s'affranchit des chaînes du papisme, c'est-à-dire brisa le seul lien politique qui l'attachât à la grande société.

Le traité de Westphalie établit un nouvel ordre de choses par une opération politique, qu'on appela équilibre des puissances. L'Europe fut partagée en deux confédérations qu'on s'efforçait de maintenir égales : c'était créer la guerre et l'entretenir constitutionnellement : car deux ligues d'égale force sont nécessairement rivales, et il n'y a pas de rivalités sans guerres.

Dès lors chaque puissance n'eut d'autre occupation que d'accroître ses forces militaires. Au lieu de ces chétives poignées de soldats levées pour un temps et bientôt licenciées, on vit partout des armées formidables, toujours sur pied, presque toujours actives; car depuis le traité de Westphalie la guerre a été l'état habituel de l'Europe.

C'est sur ce désordre, qu'on a appelé et que même encore on appelle la base du système politique, que l'Angleterre éleva sa grandeur. Plus habile que les peuples du continent, elle vit ce que c'était que cet équilibre; et, par une double combinaison, elle sut le tourner à son profit et au détriment des autres.

Séparée du continent par la mer, elle cessa d'avoir rien de commun avec ceux qui l'habitent, en se créant une religion nationale et un gouvernement différent de tous les gouvernements de l'Europe. Sa constitution fut fondée, non plus sur des préjugés et des coutumes, mais sur ce qui est de tous les temps et de tous les lieux, sur ce qui doit être la base de toute constitution, la liberté et le bonheur du peuple.

Affermie au dedans par une organisation saine et forte, l'Angleterre se porta tout entière au dehors pour y exercer une grande action. Le but de sa politique extérieure fut la domination universelle.

Elle a favorisé chez elle la navigation, le commerce et l'industrie, et les a entravés chez les autres. Des gouvernements arbitraires pesaient sur l'Europe, elle les a soutenus de son pouvoir, et a réservé pour elle seule la liberté et les biens qu'elle donne. Son or, ses armes, sa politique, elle a tout fait agir pour maintenir cet équilibre prétendu, qui, détruisant les unes par les autres les forces du continent européen, la laissait libre de tout faire impunément.

C'est de ce double système politique qu'est sorti ce colosse de la puissance anglaise, qui menace d'envahir le monde; c'est par là que, libre et heureuse au dedans, dure et despote au dehors, l'Angleterre, depuis un siècle, se joue de l'Europe entière, qu'elle remue selon son caprice.

Un tel état de choses est trop monstrueux pour qu'il puisse durer encore. Il est de l'intérêt de l'Europe de s'affranchir d'une tyrannie qui la gêne, il est de l'intérêt de l'Angleterre de ne pas attendre que l'Europe armée vienne se délivrer elle-même.

Qu'on ne s'y trompe pas : ce ne sont pas ici de ces maux qu'on guérit par des négociations secrètes, par de petites opérations de cabinet; il n'y a point de repos ni de bonheur possibles pour l'Europe, tant qu'un lien politique ne ralliera pas l'Angleterre au continent dont elle est séparée.

L'Europe a formé autrefois une société confédérative unie par des institutions communes, soumise à un gouvernement général qui était aux peuples ce que les gouvernements nationaux sont aux individus : un pareil état de choses est le seul qui puisse tout réparer.

Je ne prétends pas sans doute qu'on tire de la poussière cette vieille organisation qui fatigue encore l'Europe de ses débris inutiles : le XIXe siècle est trop loin du XIIIe. Une constitution, forte par elle-même, appuyée sur des principes puisés dans la nature des choses et indépendants des croyances qui passent et des opinions qui n'ont qu'un temps : voilà ce qui convient à l'Europe, voilà ce que je propose aujourd'hui.

De même que les révolutions des empires, lorsqu'elles se font par les progrès des lumières amènent toujours un meilleur ordre de choses, de même la crise politique qui a dissous le grand corps européen préparait à l'Europe une organisation plus parfaite.

Cette réorganisation ne pouvait se faire subitement, ni d'un seul jet; car il fallait plus d'un jour pour que les institutions vieillies fussent entièrement détruites, et plus d'un jour aussi pour qu'on en créât de meilleures; celles-ci ne devaient s'élever, celles-là tomber en ruines que lentement et par degrés insensibles.

Le peuple anglais, que sa position insulaire rendait plus navigateur que les autres peuples de l'Europe, et par conséquent plus libre des préjugés et des habitudes natales, fit le premier pas, en rejetant le gouvernement féodal pour une institution jusqu'alors inconnue.

Les restes à demi détruits de l'ancienne organisation européenne subsistèrent dans tout le continent : les gouvernements retinrent leur première forme, quoiqu'un peu modifiée en quelques endroits; le pouvoir de l'Église, méconnu dans le Nord, ne fut plus, dans le Midi, qu'un instrument de servitude pour les peuples et de despotisme pour les princes.

Cependant l'esprit humain ne restait point inactif : les lumières s'étendaient et achevaient partout la ruine des anciennes institutions; on corrigeait des abus, on détruisait des erreurs, mais rien de nouveau ne s'établissait.

C'est qu'il fallait que l'esprit novateur fût appuyé d'une force politique, et que cette force résidant dans la seule Angleterre, ne pouvait lutter contre les forces du continent entier, qui servaient de rempart à tout ce qui restait du régime arbitraire et de l'autorité du pape.

Aujourd'hui que la France peut se joindre à l'Angleterre, pour être l'appui des principes libéraux, il ne reste plus qu'à unir leurs forces et à les faire agir, pour que l'Europe se réorganise.

Cette union est possible, puisque la France est libre ainsi que l'Angleterre; cette union est nécessaire, car elle seule peut assurer la tranquillité des deux pays et les sauver des maux qui les menacent; cette union peut changer l'état de l'Europe, car l'Angleterre et la France unies sont plus fortes que le reste de l'Europe.

Tout ce que peut celui qui écrit, c'est de montrer ce qui est utile; l'exécuter n'appartient qu'à ceux qui ont en main la puissance.

Messeigneurs, vous seuls pouvez hâter cette révolution de l'Europe, commencée depuis tant d'années, qui doit s'achever par la seule force des choses, mais dont la lenteur serait si funeste.

Et ce n'est pas seulement l'intérêt de votre gloire qui vous y invite, mais un intérêt plus puissant encore, le repos et le bonheur des peuples que vous gouvernez.

Si la France et l'Angleterre continuent d'être rivales, de leur rivalité naîtront les plus grands maux pour elles et pour l'Europe; si elles s'unissent d'intérêts, comme elles le sont de principes politiques, par la ressemblance de leurs gouvernements, elles seront tranquilles et heureuses, et l'Europe pourra espérer la paix.

La nation anglaise n'a plus rien à faire pour sa liberté ni pour sa grandeur : liberté générale, activité générale, voilà ce qu'elle doit désirer, voilà ce qu'elle doit chercher à faire naître; mais si elle persiste dans son despotisme, si elle ne renonce pas à sa politique ennemie de toute prospérité étrangère..., on sait de quelle manière l'Europe a puni sur la France une ambition moins tyrannique.

DE LA RÉORGANISATION

DE

LA SOCIÉTÉ EUROPÉENNE

LIVRE PREMIER

DE LA MEILLEURE FORME DE GOUVERNEMENT; DÉMONSTRATION QUE LA FORME PARLEMENTAIRE EST LA MEILLEURE

CHAPITRE Ier

Idée de cet ouvrage.

Après une convulsion violente, l'Europe redoute de nouveaux malheurs, et sent le besoin d'un repos durable; les souverains de toutes les nations européennes s'assemblent pour lui donner la paix. Tous semblent la désirer, tous sont célèbres par leur sagesse, et cependant ils ne parviendront point où ils veulent arriver. Je me suis demandé pourquoi tous les efforts des politiques étaient impuissants contre les maux de l'Europe, et j'ai vu qu'il n'y avait de salut pour elle que dans une réorganisation générale. J'ai médité un plan de réorganisation; l'exposition de ce plan est le sujet de cet ouvrage.

D'abord j'etablirai les principes sur lesquels doit reposer l'organisation de l'Europe; ensuite je ferai l'application des principes, et enfin je trouverai dans les circonstances présentes des moyens de commencer l'exécution. Ainsi la première partie devra être un peu abstraite, la seconde moins que la première, et la troisième moins que la seconde, puisqu'il ne sera parlé dans celle-ci que d'événements que nous avons sous les yeux, et dans lesquels nous sommes tous ou acteurs ou spectateurs.

CHAPITRE II

Sur le Congrès.

Un congrès est assemblé maintenant à Vienne; que fera-t-il? que pourra-t-il faire? C'est ce que je vais examiner.

Rétablir la paix entre les puissances de l'Europe, en réglant les prétentions de chacune et en conciliant les intérêts de toutes, tel est le but de ce congrès. Doit-on espérer que ce but soit atteint? Je ne le pense pas, et voici sur quelles raisons je fonde cette conjecture.

Aucun des membres du congrès ne sera chargé de considérer les choses au point de vue général; nul n'y sera même autorisé. Chacun, député d'un roi ou d'un peuple, dépendant de lui, tenant tout de lui, ses droits, ses pouvoirs, sa mission, viendra présenter le plan de politique particulière de la puissance qu'il représentera, et démontrer que ce plan convient aux intérêts de tous.

De tous les côtés, l'intérêt particulier sera donné pour mesure de l'intérêt général. L'Autriche cherchera à persuader qu'il importe au repos de l'Europe qu'elle ait en Italie une grande prépondérance, qu'elle conserve la Gallicie et les provinces Illyriennes, que sa suprématie sur toute l'Allemagne lui soit rendue; la Suède établira, carte géographique en main, que c'est la nature qui veut que la Norwége soit sous sa dépendance; la France réclamera le Rhin et les Alpes, comme limites naturelles; l'Angleterre se prétendra chargée, par la nature, de la police des mers, et voudra qu'on regarde le despotisme qu'elle y exerce, comme le fondement le plus inébranlable du système politique.

Ces prétentions, présentées avec assurance, avec

bonne foi peut-être, sous le nom de moyens d'assurer la paix de l'Europe, et soutenues de tout le talent des Talleyrand, des Metternich et des Castlereagh, ne persuaderont cependant personne. Chaque proposition sera rejetée; car personne hors celui qui l'aura faite, n'y voyant son intérêt propre, n'y verra l'intérêt commun. On se quittera mécontent l'un de l'autre, et s'accusant mutuellement du peu de succès de l'assemblée; point d'accord, point d'intérêts conciliés, point de paix. Des confédérations particulières, des coalitions opposées d'intérêts rejetteront l'Europe dans ce triste état de guerre dont on aura vainement essayé de la tirer.

Voilà ce que l'événement prouvera mieux encore; voilà ce que ni le bon esprit, ni la sagesse, ni le désir de la paix ne peuvent faire éviter. Assemblez congrès sur congrès, multipliez les traités, les conventions, les accommodements, tout ce que vous ferez n'aboutira qu'à la guerre, vous ne la détruirez point, vous pourrez tout au plus la faire changer de lieu.

Et cependant le peu de succès de ces sortes de moyens n'éclaire personne sur leur impuissance. Il y a en politique une routine dont on n'ose pas s'écarter, bien que l'expérience nous crie de loin qu'il faut changer de méthode. On s'en prend à la force du mal plutôt qu'à la faiblesse des remèdes; et l'on continue de s'égorger sans savoir quand finira le carnage, sans espérance de le voir finir.

L'Europe est dans un état violent, tous le savent, tous le disent; mais cet état, quel est-il? D'où vient-il? A-t-il toujours duré? Est-il possible qu'il cesse? Ces questions sont encore sans réponse.

Il en est des liens politiques comme des liens sociaux : c'est par des moyens semblables que doit s'assurer la solidité des uns et des autres. A toute réunion de peuples comme à toute réunion d'hommes, il faut des institutions communes, il faut une organisation : hors de là, tout se décide par la force.

Vouloir que l'Europe soit en paix par des traités et des congrès, c'est vouloir qu'un corps social subsiste par des conventions et des accords; des deux côtés il faut une force coactive qui unisse les volontés, concerte les mouvements, rende les intérêts communs et les engagements solides.

Nous affectons un mépris superbe pour les siècles qu'on appelle du moyen âge; nous n'y voyons qu'un temps de barbarie stupide, d'ignorance grossière, de superstitions dégoûtantes, et nous ne faisons pas attention que c'est le seul temps où le système politique de l'Europe ait été fondé sur sa véritable base, sur une organisation générale.

Je ne dis pas que les papes ne fussent point avides de pouvoir, brouillons, despotes, plus occupés de servir leur ambition que de contenir celle des rois; que le clergé ne se mêlât point dans les querelles des princes, et n'abrutît pas les peuples pour les tyranniser plus impunément. Tous ces maux, tristes fruits des temps d'ignorance, ne détruisaient point ce que cette institution avait de salutaire : tant qu'elle subsista, il y eut peu de guerres en Europe et ces guerres furent de peu d'importance [1].

A peine la révolution de Luther eut-elle fait tomber le pouvoir politique du clergé, que Charles-Quint conçut ce projet de domination universelle, que tentèrent après lui Philippe II, Louis XIV, Napoléon et le peuple anglais, et que des guerres de religion s'élevèrent, qui furent terminées par la guerre de Trente ans, la plus longue de toutes les guerres.

Malgré tant d'exemples si frappants, le préjugé a été tel que les plus grands talents n'ont pu lutter contre lui. Tous ne font dater que du XVIe siècle

1. Les croisades, dont le but politique fut de dégoûter les Sarrasins de la conquête de l'Europe, étaient des guerres de la confédération entière contre les ennemis de sa liberté.

le système politique de l'Europe; tous ont regardé le traité de Westphalie comme le vrai fondement de ce système.

Et pourtant il suffisait d'examiner ce qui s'est passé depuis ce temps, pour sentir que l'équilibre des puissances est la combinaison la plus fausse qui puisse être faite, puisque la paix en était le but et qu'elle n'a produit que des guerres, et quelles guerres!

Deux hommes seuls ont vu le mal et ont approché du remède; ce furent Henri IV et l'abbé de Saint-Pierre; mais l'un mourut avant d'avoir achevé son dessein qui fut oublié après lui; l'autre, pour avoir promis plus qu'il ne pouvait donner, fut traité de visionnaire.

Certes ce n'est point une vision que l'idée de lier tous les peuples européens par une institution politique, puisque pendant six siècles un pareil ordre de choses a existé, et que pendant six siècles les guerres furent plus rares et moins terribles.

C'est à cela que se réduit le projet de l'abbé de Saint-Pierre, dépouillé de cet appareil gigantesque qui l'a rendu ridicule; c'est par un gouvernement confédératif, commun à toutes les nations de l'Europe, qu'il avait espéré d'y faire régner son impraticable paix perpétuelle.

Cette combinaison, chimérique dans ses résultats, imparfaite même et vicieuse par sa nature, est pourtant la conception la plus forte qui ait été produite depuis le xve siècle; c'est qu'on n'arrive au bien que par de longs essais et des tentatives souvent infructueuses, et que rarement celui qui conçoit le premier une idée juste sait lui donner la netteté et la précision qu'elle acquiert toujours par le temps.

Le livre de l'abbé de Saint-Pierre a été peu lu, on n'en connaît guère que le titre, et le nom de rêve d'un homme de bien, par lequel on le désigne.

CHAPITRE III

Examen de la Paix perpétuelle.

L'abbé de Saint-Pierre proposait une confédération générale de tous les souverains de l'Europe, confédération dont les cinq articles principaux devaient être ceux-ci :

« 1° Des plénipotentiaires, nommés par les souve-
» rains contractants, se tiendront en un lieu déter-
» miné et y formeront un congrès permanent.

» 2° On spécifiera le nombre de souverains qui
» auront voix dans la diète, et de ceux qui seront
» invités d'accéder au traité.

» 3° On garantira à chacun des membres de la » société la possession de ses États; sa personne, » sa famille, son pouvoir seront assurés contre » toute autorité étrangère ou rébellion de ses » sujets.

» 4° La diète sera le juge suprême des droits des » associés; il y sera décidé par arbitrage sur les » intérêts de chacun d'eux.

» 5° Tout allié infracteur du traité sera mis au » ban de l'Europe et proscrit comme un ennemi » public.

» On armera conjointement et à frais communs » contre tout État mis au ban de l'Europe. »

Le premier défaut d'une pareille confédération, c'est qu'elle est absolument impraticable; toutes les raisons de l'inutilité du congrès subsistent ici dans toute leur force. Il n'y a point d'accord sans des vues communes, et des souverains traitant ensemble ou des plénipotentiaires nommés par les contractants et révocables par eux, peuvent-ils avoir d'autres vues que des vues particulières, d'autre intérêt que leur intérêt propre? Si la cour de Rome arrêtait l'ambition des puissances temporelles, c'est que tous les membres de cette cour avaient un intérêt commun, celui de leur suprématie sur toutes les cours; c'est que les rois ne nommaient ni le pape, ni son conseil, et qu'aucune puissance ne pouvait les déposer.

Henri IV, dans sa république chrétienne, avait cru écarter cet inconvénient par une simple clause qui portait que chaque puissance devait avant tout veiller à l'entretien de la société, et ne faire marcher son intérêt privé qu'après l'intérêt général. Henri IV était généreux, il pensait que ce qui lui serait facile devait être facile à tout le monde; mais, peut-être, en succombant lui-même, eût-il fait voir combien la probité dans un roi est impuissante contre les séductions du pouvoir.

C'était par la force des choses qu'il fallait pourvoir à ce que le corps commun s'occupât avant tout des intérêts communs; mais je sens que j'anticipe et que je me laisse aller trop loin. Je dois revenir à l'examen que j'ai commencé.

Le premier effet de la constitution de l'abbé de Saint-Pierre, en supposant qu'elle fût possible, était de perpétuer en Europe l'ordre de choses existant au moment où elle eût été établie. Dès lors les restes de la féodalité qui subsistaient encore devenaient indestructibles. Bien plus, elle favorisait l'abus du pouvoir en rendant la puissance des souverains plus redoutable aux peuples, et en ôtant à ceux-ci toute ressource contre la tyrannie. En un mot, cette organisation prétendue ne devait être autre chose qu'une garantie réciproque entre les princes de conserver le pouvoir arbitraire.

On a fait usage du levier sans savoir expliquer ce que c'est qu'un levier; il y a eu des organisations nationales, des organisations politiques, avant qu'on sût ce que c'est qu'organisation. En politique, comme dans toute espèce de science, on a fait ce qu'il fallait faire avant de savoir pourquoi il fallait le faire, et lorsqu'après la pratique sont venues les théories, ce qu'on a pensé a souvent été au-dessous de ce qu'on avait exécuté par hasard.

C'est ce qui est arrivé dans cette occasion. L'organisation de l'Europe, telle qu'elle était au XIVe siècle, est infiniment supérieure au projet de l'abbé de Saint-Pierre.

Toute organisation politique, ainsi que toute organisation sociale, a ses principes fondamentaux qui sont son essence, et sans lesquels elle ne peut ni subsister, ni produire les effets qu'on attend d'elle.

Ces principes sur lesquels l'organisation papale était fondée, ont été méconnus de l'abbé de Saint-Pierre; on peut les réduire à quatre :

1° Toute organisation politique instituée pour lier ensemble plusieurs peuples, en conservant à chacun son indépendance nationale, doit être *systématiquement homogène*, c'est-à-dire que toutes les institutions doivent y être des conséquences d'une conception unique, et que par conséquent le gouvernement, à tous ses degrés, doit avoir une forme semblable ;

2° Le gouvernement général doit être entièrement indépendant des gouvernements nationaux;

3° Ceux qui composent le gouvernement général doivent être portés par leur position à avoir des vues générales, à s'occuper spécialement des intérêts généraux;

4° Ils doivent être forts d'une puissance qui réside en eux, et qui ne doive rien à aucune force étrangère; cette puissance est l'opinion publique.

L'organisation papale était fondée sur ces principes, et c'est ce qui fait qu'elle a été utile; mais l'ignorance du temps n'avait pas permis le bon emploi de ces principes, et c'est ce qui la rendait vicieuse.

D'abord la constitution féodale était celle qu'on avait appliquée au gouvernement général et aux gouvernements nationaux, et cette constitution est essentiellement mauvaise, puisqu'elle est tout entière à l'avantage des gouvernants et au détriment des gouvernés.

Ensuite les papes usaient souvent de leur puissance trop absolue ainsi que celle des rois, pour troubler l'Europe, au lieu de la rendre paisible.

Et enfin, l'opinion qui faisait la force du gouvernement général était mêlée de superstitions, d'où il résultait que le clergé, pour maintenir son pouvoir, devait maintenir les superstitions, et entraver les progrès des lumières.

Cela posé, il n'y a plus qu'un pas à faire pour arriver à la meilleure constitution possible d'une société de peuples. Il suffit de joindre aux principes établis ci-dessus les trois conditions suivantes :

1° Que la meilleure constitution possible soit appliquée au gouvernement général et aux gouvernements nationaux;

2° Que les membres du gouvernement général soient contraints par la force des choses de travailler au bien commun. Cette condition est comprise da s la première;

3° Que leur force dans l'opinion soit fondée sur des rapports que rien ne puisse ébranler, et qui soient de tous les temps et de tous les lieux.

CHAPITRE IV

De la meilleure Constitution possible.

Je veux chercher s'il n'y a point une forme de gouvernement bonne par sa seule nature, fondée sur des principes sûrs, absolus, universels, indépendants des temps et des lieux.

Si j'allais résoudre ce problème de la manière dont on a traité jusqu'ici les questions politiques, je ne ferais qu'ouvrir un nouveau champ à des discussions interminables : mais laissant de côté tout ce qui peut avoir été dit sur cette matière, je ne m'aiderai dans cette recherche que de deux principes sur lesquels repose la certitude de toute démonstration, le raisonnement et l'expérience.

Toutes les sciences, de quelque espèce qu'elles soient, ne sont autre chose qu'une suite de problèmes à résoudre, de questions à examiner, et elles ne diffèrent l'une de l'autre que par la nature de ces questions. Ainsi, la méthode qu'on applique à quelques-unes d'elles doit leur convenir à toutes, par cela seul qu'elle convient à quelques-unes d'elles ; car cette méthode n'est qu'un instrument entièrement indépendant des objets auxquels on l'applique et qui ne change en rien leur nature.

Bien plus, c'est de l'application de cette méthode que toute science tire sa certitude, c'est par elle qu'elle devient positive, qu'elle cesse d'être une science de conjectures; et cela n'arrive qu'après bien des siècles de vague, d'erreurs et d'incertitudes.

Jusqu'ici la méthode des sciences d'observation n'a point été introduite dans les questions politiques; chacun y a porté sa façon de voir, de raisonner, de juger, et de là vient qu'il n'y a eu encore ni précision dans les solutions, ni généralité dans les résultats.

Le temps est venu où doit cesser cette enfance de la science, et certes il est désirable qu'elle cesse; car des obscurités de la politique naissent les troubles de l'ordre social.

Quelle est la meilleure constitution possible?

En entendant par constitution un système quelconque d'ordre social tendant au bien commun, la meilleure sera celle dans laquelle les institutions seront organisées et les pouvoirs disposés de telle sorte que chaque question d'intérêt public soit traitée de la manière la plus approfondie et la plus complète.

Or, toute question d'intérêt public, par cela seul qu'elle est une question, doit se résoudre par les mêmes moyens que toutes les autres questions quelconques.

Pour résoudre une question de quelque ordre qu'elle soit, la logique nous offre deux méthodes ou plutôt une seule méthode qui comprend deux opérations : la synthèse et l'analyse; par l'une on embrasse l'ensemble de la chose examinée ou on l'examine *à priori;* par l'autre on la décompose pour l'observer dans ses détails, ou on l'examine *à posteriori.*

Les résultats obtenus par la synthèse doivent être vérifiés par l'analyse, et réciproquement les résultats obtenus par l'analyse doivent être vérifiés par la synthèse; ou, ce qui est la même chose, une question n'est traitée d'une manière sûre et complète que lorsqu'elle a été examinée successivement *à priori* et *à posteriori.*

Cela posé, je dis que la meilleure constitution est celle dans laquelle chaque question d'intérêt public est toujours examinée successivement *à priori* et *à posteriori.*

Or, dans une société, examiner successivement *à priori* et *à posteriori* les questions d'intérêt public, n'est autre chose que de les examiner successivement sous le rapport d'intérêt général et d'intérêt particulier de ceux qui la composent.

Il ne reste donc plus maintenant qu'à chercher par quel artifice on peut organiser une constitution de telle sorte que toute question d'intérêt public y soit toujours examinée de la manière que je viens de dire.

Pour cela, la première disposition nécessaire est d'établir deux pouvoirs distincts et tellement constitués que l'un soit porté à considérer les choses, du point de vue d'intérêt général de la nation, et l'autre du point de vue d'intérêt particulier des individus qui en font partie.

J'appelle le premier pouvoir, POUVOIR DES INTÉRÊTS GÉNÉRAUX, et le second, POUVOIR DES INTÉRÊTS PARTICULIERS OU LOCAUX.

Chacun de ces deux pouvoirs doit être investi du droit de concevoir et de proposer toutes les mesures législatives qu'il juge nécessaires.

Jusqu'ici l'on ne voit que deux pouvoirs, marchant au même but par des voies différentes ; mais la disposition fondamentale, celle qui fait la force de la constitution, c'est qu'aucune des décisions de l'un ne puisse être exécutée sans avoir été au préalable examinée et approuvée par l'autre.

De cette façon, toute mesure législative conçue sous le rapport d'intérêt général sera examinée sous le rapport d'intérêt particulier, et réciproquement ; ou, pour revenir aux termes logiques, toute mesure législative conçue *à priori* sera examinée *à posteriori*, et réciproquement.

Il ne se fera que de bonnes lois, car aucune ne sera admise ni exécutée, sans qu'auparavant le concours des deux pouvoirs à sa formation ait prouvé qu'elle convient également au bien du peuple et à celui des individus ; ou, ce qui est la même chose, nulle mesure publique ne sera prise avant qu'il ait été démontré avec toute la rigueur des méthodes logiques qu'elle est bonne et sage.

Comme l'égalité des deux pouvoirs, dont j'ai parlé ci-dessus, est la base de la constitution, et que celle-ci deviendrait vicieuse dès l'instant que l'un l'emporterait sur l'autre, puisqu'alors les questions ne seraient examinées que d'un seul point de vue et que l'intérêt général serait sacrifié au particulier, ou l'intérêt particulier au général, il faut qu'un troisième pouvoir, qu'on peut appeler pouvoir Réglant ou Modérant soit établi pour maintenir l'équilibre des deux autres et les contenir dans leurs justes limites.

Le troisième pouvoir doit avoir le droit d'examiner de nouveau les questions d'intérêt public déjà examinées par les deux autres, de redresser les erreurs, de rejeter les lois qui lui semblent vicieuses, et d'en proposer d'autres, lesquelles soient livrées aussitôt à l'examen des deux premiers pouvoirs.

Après avoir posé les principes et fondé la constitution sur sa base, il reste à l'appuyer par des dispositions secondaires, qui en règlent l'action et en assurent la solidité.

Ces dispositions, qui peuvent varier selon les temps et les lieux, doivent être le premier ouvrage des trois pouvoirs constitutionnels; c'est à eux qu'il appartient de les créer, de les changer, de les détruire.

La bonté d'une constitution, fondée sur les principes que je viens d'établir, est aussi certaine, aussi absolue, aussi universelle que celle d'un bon syllogisme.

Et qu'on ne croie pas que cette constitution soit une de ces théories impraticables, de ces spéculations chimériques qui sont bonnes tout au plus à exercer la plume des faiseurs de livres; elle existe, elle subsiste depuis plus de cent ans, et ces cent années d'expériences viennent à l'appui du raisonnement. Un peuple est devenu par elle libre et le plus puissant des peuples de l'Europe.

CHAPITRE V

De la Constitution anglaise.

L'Angleterre est gouvernée par un parlement, autorité suprême, qui se compose de trois pouvoirs, le roi, la chambre des communes et la chambre des pairs. Quelle est la nature de ces trois pouvoirs, leurs fonctions, leurs attributs? C'est ce que je vais examiner.

Le Roi.

Comme un seul homme est plus capable que plusieurs ensemble de cette unité de vue, par laquelle on embrasse d'un même coup d'œil toute l'étendue d'une question : ainsi, le POUVOIR DES INTÉRÊTS GÉNÉRAUX, si l'on veut qu'il soit bien administré, doit être placé entre les mains d'un seul.

Intéressé à la grandeur et à la gloire de la nation, qui est la sienne propre, libre des liens qui attachent tout autre citoyen à une certaine portion de l'État qu'il préfère à toutes les autres, le roi, dans tout ce qu'il propose, ne peut avoir d'autres vues que des vues générales, d'autres intérêts que des intérêts généraux (1).

Le roi n'a, dans la formation des lois, que l'initiative et la faculté de rejeter; mais il est le seul dépositaire de tout le pouvoir exécutif.

C'est qu'il y a cette différence entre la puissance qui fait les lois et celle qui les fait exécuter, que l'une veut être divisée, pour que toute question d'intérêt public soit complétement discutée et résolue; et que l'autre a besoin d'être concentrée en un seul point, afin qu'il y ait partout unité dans l'exécution.

La Chambre des communes.

De même qu'une question, pour être embrassée dans son ensemble, veut être examinée avec cette généralité de vue dont un individu seul est capable, de même aussi cette force d'attention à laquelle aucun détail n'échappe, et qui les saisit tous avec une égale exactitude, ne peut être le partage que d'une réunion d'hommes.

La chambre des communes est composée de dé-

1. Voyez plus bas, ch. VI, la division de la Royauté.

putés de toutes les provinces, de membres de toutes les corporations de l'État, lesquels, par leur réunion, représentent toute espèce d'intérêt local ou particulier.

Cette chambre ayant, ainsi que le roi, l'initiative et le droit de rejeter les lois qu'elle ne juge pas convenables, exerce dans toute son étendue le pouvoir que j'ai appelé pouvoir des intérêts particuliers, car chacun de ceux qui en font partie, est porté à considérer de préférence l'intérêt de la province qui l'a député, ou du corps dont il est membre.

De cette disposition constitutionnelle qui fait concourir également le roi et les communes à la formation des lois, il résulte, ainsi que je l'ai dit, du concours des deux pouvoirs dont il est parlé ci-dessus, qu'aucune mesure d'intérêt général ne s'exécute si elle blesse la majorité des intérêts particuliers, et qu'aucune mesure d'intérêt particulier ne s'exécute si elle est contraire à l'intérêt général.

La Chambre des pairs.

Il était à craindre que le roi n'influençât les décisions des communes, ou les communes celles du roi; il était à craindre que le roi ou les communes ne se trompassent sur les vrais intérêts de la nation et des particuliers, et il fallait pourvoir à ce qu'il ne pût y avoir d'erreur, soit concertée, soit involontaire.

Un corps d'hommes puissants dans l'opinion, par leur naissance, leurs services, leurs richesses, sont placés entre le roi et les communes pour examiner de nouveau les décisions adoptées, les balancer, les corriger, ou en proposer de nouvelles.

Ils exercent ce pouvoir intermédiaire que j'ai appelé POUVOIR RÉGLANT OU MODÉRANT.

Considérée sous un autre point de vue, la chambre des pairs arrête, à l'égard du roi et des communes, cette pente naturelle qu'ont les individus et les corporations vers le pouvoir absolu. Elle les contient dans leurs limites, par l'intérêt qu'elle a de conserver ses priviléges qui la rendent un corps subsistant par lui-même; car dès l'instant où l'équilibre serait détruit, où le roi l'emporterait sur les communes, ou les communes sur le roi, l'État devenant despotique ou populaire, du rang de membre du gouvernement, chaque pair serait contraint de descendre à celui de courtisan ou de sujet.

CHAPITRE VI

Suite.

Ce n'est pas tout d'établir la constitution sur ses fondements, il faut encore pourvoir à ce que ces fondements ne puissent être ébranlés.

Le roi représente les intérêts de l'État entier, de la même manière que les communes représentent ceux de toutes les parties de l'État; dans la solution de toute question d'intérêt public, l'un part d'un principe général unique, le bien de la nation; les autres de plusieurs principes particuliers, les intérêts des individus.

Mais les communes sont électives, et la couronne est héréditaire; et l'hérédité qui est une garantie pour le peuple que les successions se feront sans troubles, n'en est point une que celui que la naissance place sur le trône soit le plus capable d'y siéger.

Cette partie du pouvoir législatif que la constitution met entre les mains du roi sera mal administrée s'il manque des talents qu'elle exige; s'il est injuste, le pouvoir exécutif dont il est le dépositaire sera employé à des vengeances personnelles et à des actes d'autorité arbitraire.

Pour écarter ces sortes d'inconvénients, la royauté a été divisée en deux parties distinctes par leur nature; à l'une appartiennent la pompe, la magnificence, les honneurs, tous les attributs de la souveraineté; à l'autre l'administration des affaires : la première qui se transmet par héritage, est mise entre les mains de la dynastie régnante; la seconde, essentiellement élective, est confiée au premier ministre.

La responsabilité du ministère met le peuple en sûreté contre tout abus de pouvoir et toute mauvaise administration.

Par cette division de la royauté, qui met d'un côté les honneurs sans le pouvoir, et de l'autre le pouvoir sans les honneurs, tout ce qu'ont d'avantages l'hérédité et l'élection est réuni pour le bien du peuple, sans aucun des inconvénients que l'une et l'autre entraînent après elles.

Le chancelier de l'Échiquier n'est point nommé par le roi, mais par la nation. Le roi est contraint de choisir celui qui a obtenu la majorité dans la chambre des communes.

Dès l'instant que la majorité se déclare fortement en faveur de quelqu'un, cet homme est porté au ministère et l'ancien ministre destitué, sans que cela occasionne ni trouble ni dissensions [1].

C'est la bonté de la constitution qui fait la bonté des lois, et ce sont ensuite les bonnes lois qui affermissent la constitution. Les propriétés garanties, la liberté individuelle assurée, ainsi que cette liberté de penser et d'écrire, qui établit une correspondance plus intime entre les gouvernants et les gouvernés, et donne à ceux-ci voix consultative dans les opérations d'État; toutes ces lois, fruit d'une organisation bonne et saine, la rendent plus forte encore, en lui prêtant un appui qu'elle ne trouverait pas dans elle-même.

Outre ces dispositions particulières de la constitution anglaise, il en est d'autres que je passe sous silence, parce qu'elles ne conviennent qu'au peuple anglais. S'il n'est pas vrai de dire, ainsi que l'a cru Montesquieu, qu'il faille à chaque nation une forme de gouvernement qui lui soit propre (puisqu'il ne peut y en avoir qu'une bonne, par cela seul qu'il n'y a qu'une méthode de bien raisonner), il est vrai du moins que cette forme universelle a be-

1. Ceux qui désireraient trouver plus de détails peuvent avoir recours à l'ouvrage de M. de Laborde sur les aristocraties représentatives. Ce livre jette un grand jour sur cette partie de la constitution anglaise qui regarde le pouvoir royal et l'élection des ministres.

soin d'être modifiée diversement, selon les habitudes de ceux qui la reçoivent et les temps où elle est établie.

CHAPITRE VII

Conclusion.

La méthode des sciences d'observation doit être appliquée à la politique ; le raisonnement et l'expérience sont les éléments de cette méthode. Lorsque, par le raisonnement, j'ai cherché quelle était la meilleure constitution possible, j'ai été conduit à la constitution parlementaire ; et lorsque j'ai interrogé l'expérience, l'expérience est venue confirmer ce qu'avait prouvé le raisonnement. Depuis près de cent ans que l'Angleterre, en achevant sa révolution, a établi chez elle cette forme de gouvernement dans toute sa plénitude, ne l'a-t-on pas vue accroître tous les jours sa prospérité et sa puissance? Quel peuple est plus libre et plus riche au dedans, plus grand au dehors, plus habile dans les arts d'industrie, la navigation et le commerce? Et à quoi attribuer cette puissance que nulle autre n'égale, sinon à ce gouvernement anglais plus libéral, plus vigoureux, plus favorable au bonheur et à la gloire d'une nation que tous les gouvernements de l'Europe?

LIVRE DEUXIÈME

QUE TOUTES LES NATIONS DE L'EUROPE DOIVENT ÊTRE GOUVERNÉES PAR UN PARLEMENT NATIONAL, ET CONCOURIR A LA FORMATION D'UN PARLEMENT GÉNÉRAL QUI DÉCIDE DES INTÉRÊTS COMMUNS DE LA SOCIÉTÉ EUROPÉENNE.

CHAPITRE PREMIER

De la nouvelle organisation de la Société européenne.

J'ai analysé l'ancienne organisation de l'Europe, j'en ai montré les avantages et les défauts, et j'ai indiqué par quels moyens on pouvait conserver les uns en écartant les autres. J'ai démontré ensuite que s'il y avait une forme de gouvernement bonne par elle-même, ce gouvernement n'était autre que la constitution parlementaire. Ces données conduisent naturellement à la conclusion suivante :

Que partout dans l'ancienne organisation on mette la forme de gouvernement parlementaire à la place de la forme hiérarchique ou féodale, par cette simple substitution on obtiendra une organisation nouvelle plus parfaite que la première, et non plus passagère comme elle, puisque sa bonté ne résultera point d'un certain état de l'esprit humain qui doit changer avec le temps, mais de la nature des choses qui ne varie jamais.

Ainsi, en résumant tout ce que j'ai dit jusqu'ici, *l'Europe aurait la meilleure organisation possible, si toutes les nations qu'elle renferme, étant gouvernées chacune par un parlement, reconnaissaient la suprématie d'un parlement général placé au-dessus de tous les gouvernements nationaux et investi du pouvoir de juger leurs différends.*

Je ne parlerai point ici de l'établissement des parlements nationaux ; on sait par expérience quelle en doit être l'organisation ; j'indiquerai seulement comment peut être composé le parlement général de l'Europe.

CHAPITRE II

De la Chambre des députés du Parlement européen.

Tout homme né dans un pays quelconque, citoyen d'un État quelconque, contracte toujours par son éducation, par ses relations, par les exemples qui lui sont offerts, certaines habitudes plus ou moins profondes d'étendre ses vues au delà des limites de son bien-être personnel et de confondre son intérêt propre dans l'intérêt de la société dont il est membre.

De cette habitude fortifiée et tournée en sentiment, résulte une tendance à généraliser ses intérêts, c'est-à-dire à les voir toujours renfermés dans l'intérêt commun ; ce penchant qui s'affaiblit quelquefois, mais qui ne s'anéantit jamais, est ce qu'on appelle le patriotisme.

Dans tout gouvernement national, s'il est bon, le patriotisme que chaque individu apporte en lui à l'instant qu'il en est fait membre, se change en esprit ou en volonté de corps, puisque l'attribut nécessaire d'un bon gouvernement est que l'intérêt des gouvernements soit aussi l'intérêt de la nation.

C'est cette volonté de corps qui est l'âme du gouvernement qui fait que toutes les actions y sont unies et tous les mouvements concertés, que tout marche vers un même but, que tout répond au même mobile.

Il en est du gouvernement européen, comme des gouvernements nationaux, il ne peut avoir d'action sans une volonté commune à tous ses membres.

Or, cette volonté de corps qui, dans un gouvernement national, naît du patriotisme national, dans le gouvernement européen ne peut provenir que d'une plus grande généralité de vues, d'un sentiment plus étendu qu'on peut appeler le patriotisme européen.

C'est l'institution qui forme les hommes, dit Montesquieu ; ainsi, ce penchant qui fait sortir le patriotisme hors des bornes de la patrie, cette habitude de considérer les intérêts de l'Europe, au lieu des intérêts nationaux, sera, pour ceux qui doivent former le parlement européen, un fruit nécessaire de son établissement.

Il est vrai ; mais aussi ce sont les hommes qui font l'institution, et l'institution ne peut s'établir si elle ne les trouve tout formés d'avance, ou du moins préparés à l'être.

C'est donc une nécessité de n'admettre dans la chambre des députés du parlement européen, c'est-à-dire dans l'un des deux pouvoirs actifs de la constitution européenne, que des hommes qui, par des relations plus étendues, des habitudes moins circonscrites dans le cercle des habitudes natales, des travaux dont l'utilité n'est point bornée aux usages nationaux et se répand sur tous les peuples, sont plus capables d'arriver bientôt à cette généralité de vues qui doit être l'esprit de corps, à cet intérêt général qui doit être l'intérêt de corps du parlement européen.

Des négociants, des savants, des magistrats et

des administrateurs doivent être appelés seuls à composer la chambre des députés du grand parlement.

Et en effet, tout ce qu'il y a d'intérêts communs à la société européenne, peut être rapporté aux sciences, aux arts, à la législation, au commerce, à l'administration et à l'industrie.

Chaque million d'hommes sachant lire et écrire en Europe, devra députer à la chambre des communes du grand parlement un négociant, un savant, un administrateur et un magistrat. Ainsi, en supposant qu'il y ait en Europe soixante millions d'hommes sachant lire et écrire, la chambre sera composée de deux cent quarante membres.

Les élections de chacun des membres se feront par la corporation à laquelle il appartiendra. Tous seront nommés pour dix années.

Chacun des membres de la chambre devra posséder vingt-cinq mille francs de rentes au moins en fonds de terres.

Il est vrai que c'est la propriété qui fait la stabilité du gouvernement, mais c'est seulement lorsque la propriété n'est point séparée des lumières, que le gouvernement peut reposer solidement sur elle. Il convient donc que le gouvernement appelle dans son sein et fasse participer à la propriété ceux des non-propriétaires qu'un mérite éclatant distingue, afin que le talent et la possession ne soient point divisés; car le talent qui est la plus grande force, et la force la plus agissante, envahirait bientôt la propriété, s'il n'était point uni avec elle.

Ainsi, à chaque nouvelle élection, vingt membres choisis parmi les plus distingués des savants, négociants, magistrats ou administrateurs non-propriétaires, devront être admis à la chambre des communes du parlement européen et dotés de vingt-cinq mille francs de rentes en fonds de terres.

CHAPITRE III

De la Chambre des pairs.

De même que chaque pair d'un parlement national doit avoir des richesses qui le fassent remarquer dans le pays qu'il habite, de même aussi tous les pairs du parlement européen devront avoir des richesses qui les rendent remarquables dans l'Europe entière.

Chacun des pairs européens devra posséder cinq cent mille francs de rentes au moins en fonds de terres.

Les pairs seront nommés par le roi. Le nombre n'en sera point limité.

La pairie sera héréditaire.

Il y aura dans la chambre des pairs vingt membres qui seront pris parmi les hommes ou les descendants des hommes qui, par leurs travaux dans les sciences, dans l'industrie, dans la magistrature ou dans l'administration, auront fait les choses jugées les plus utiles à la société européenne.

Ces membres seront dotés, par le parlement européen, des cinq cent mille francs de rentes en terres.

Outre les vingt qui seront nommés d'abord, un nouveau pair sera élu et doté à chaque renouvellement du parlement.

CHAPITRE IV

Du Roi.

Le choix du chef suprême de la société européenne est d'une telle importance, et exige un choix si scrupuleux, que j'en ai réservé la discussion pour un second ouvrage qui doit paraître plus tard, et qui sera le complément de celui-ci.

Le roi du parlement européen doit entrer le premier dans les fonctions, et déterminer la formation des deux chambres; c'est par lui que doit commencer l'action, pour que l'établissement du grand parlement se fasse sans révolution et sans troubles.

La royauté devra être héréditaire.

CHAPITRE V

Action intérieure et extérieure du grand Parlement.

Toute question d'intérêt général de la société européenne sera portée devant le grand parlement, et examinée et résolue par lui. Il sera le seul juge des contestations qui pourront s'élever entre les gouvernements.

Si une portion quelconque de la population européenne, soumise à un gouvernement quelconque, voulait former une nation à part, ou entrer sous la juridiction d'un gouvernement étranger, c'est le parlement européen qui en décidera. Or, il n'en décidera point dans l'intérêt des gouvernements, mais dans celui des peuples, et en se proposant toujours pour but la meilleure organisation possible de la confédération européenne.

Le parlement européen devra avoir en propriété et souveraineté exclusive une ville et son territoire.

Le parlement aura le pouvoir de lever sur la confédération tous les impôts qu'il jugera nécessaires.

Toutes les entreprises d'une utilité générale pour la société européenne seront dirigées par le grand parlement : ainsi, par exemple, il joindra par des canaux le Danube au Rhin, le Rhin à la Baltique, etc.

Sans activité au dehors, il n'y a point de tranquillité au dedans. Le plus sûr moyen de maintenir la paix dans la confédération sera de la porter sans cesse hors d'elle-même, et de l'occuper sans relâche par de grands travaux intérieurs. Peupler le globe de la race européenne, qui est supérieure à toutes les autres races d'hommes; le rendre voyageable et habitable comme l'Europe, voilà l'entreprise par laquelle le parlement européen devra continuellement exercer l'activité de l'Europe, et la tenir toujours en haleine.

L'instruction publique dans toute l'Europe sera mise sous la direction et la surveillance du grand parlement.

Un code de morale tant générale que nationale et individuelle sera rédigé par les soins du grand parlement, pour être enseigné dans toute l'Europe. Il y sera démontré que les principes sur lesquels reposera la confédération européenne, sont les meilleurs, les plus solides, les seuls capables de rendre la société aussi heureuse qu'elle puisse l'être, et par la nature humaine, et par l'état de ses lumières.

Le grand parlement permettra l'entière liberté de conscience, et l'exercice libre de toutes les religions : mais il réprimera celles dont les principes seraient contraires au grand code de morale qui aura été établi.

Ainsi, il y aura entre les peuples européens ce qui fait le lien et la base de toute association politique : conformité d'institutions, union d'intérêts, rapport de maximes, communauté de morale et d'instruction publique.

CHAPITRE VI

Conclusion.

Ce livre devra être le plus long par la suite, et la raison s'en montre assez. Je ne lui donnerai point maintenant plus d'étendue, pour ne pas détourner l'attention du lecteur des considérations importantes, en l'attirant sur des détails qu'il n'est pas temps de traiter encore.

LIVRE TROISIÈME

QUE LA FRANCE ET L'ANGLETERRE, AYANT LA FORME DE GOUVERNEMENT PARLEMENTAIRE, PEUVENT ET DOIVENT FORMER UN PARLEMENT COMMUN CHARGÉ DE RÉGLER LES INTÉRÊTS DES DEUX NATIONS. — ACTION DU PARLEMENT ANGLO-FRANÇAIS SUR LE RESTE DES PEUPLES DE L'EUROPE.

CHAPITRE PREMIER

De l'établissement du Parlement européen, des moyens de hâter cet établissement.

Les hommes peuvent méconnaître longtemps ce qui leur est utile, mais le temps vient toujours où ils s'éclairent et en font usage.

Les Français se sont donné la constitution anglaise, et tous les peuples de l'Europe se la donneront successivement, à mesure qu'ils seront assez éclairés pour en apprécier les avantages.

Or, le temps où tous les peuples européens seront gouvernés par des parlements nationaux est sans contredit le temps où le parlement général pourra s'établir sans obstacles.

Les raisons de cette assertion sont si évidentes qu'il me paraît inutile de les produire.

Mais cette époque est loin de nous encore, et des guerres affreuses, des révolutions multipliées doivent affliger l'Europe durant l'intervalle qui nous en sépare.

Que faire pour détourner de l'Europe ces malheurs nouveaux, tristes fruits de la désorganisation où elle continuerait d'être? Avoir recours à l'art, et trouver, dans un temps plus rapproché de nous, des moyens d'en détruire la cause.

Je reprends ce que j'ai dit.

L'établissement du parlement européen s'opérera sans difficulté, dès l'instant que tous les peuples de l'Europe vivront sous le régime parlementaire.

Il suit de là que le parlement européen pourra commencer d'être établi aussitôt que la partie de la population européenne soumise au gouvernement représentatif sera supérieure en forces à celle qui restera assujétie à des gouvernements arbitraires.

Or, cet état de l'Europe n'est autre que l'état présent des choses : les Anglais et les Français sont incontestablement supérieurs en force au reste de l'Europe, et les Anglais et les Français ont la forme de gouvernement parlementaire[1].

Il est donc possible dès à présent de commencer la réorganisation de l'Europe.

Que les Anglais et les Français entrant en société établissent entre eux un parlement commun; que le but principal de cette société soit de s'agrandir en attirant à soi les autres peuples; que, par conséquent, le gouvernement anglo-français favorise chez toutes les nations les partisans de la constitution représentative; qu'il les soutienne de tout son pouvoir, afin que des parlements s'établissent chez tous les peuples soumis à des monarchies absolues; que toute nation, dès l'instant qu'elle aura adopté la forme de gouvernement représentatif, puisse s'unir à la société et députer au parlement commun des membres pris parmi elle, et l'organisation de l'Europe s'achèvera insensiblement sans guerres, sans catastrophes, sans révolutions politiques.

1. Dans la force politique des Anglais et des Français, je comprends leur supériorité en diplomatie, et les moyens de corruption que leur donnent les sommes d'argent dont ils peuvent disposer pour le succès de leurs entreprises.

CHAPITRE II

Du Parlement anglo-français.

La composition du parlement anglo-français ne devra pas être autre que celle que j'ai proposée pour le grand parlement européen.

Les Français n'auront que le tiers de la représentation; c'est-à-dire, que l'Angleterre devra fournir deux députés et la France un seul par million d'hommes sachant lire et écrire.

Cette disposition est importante par deux raisons, d'abord parce que les Français sont encore peu habiles en politique parlementaire et qu'ils ont besoin d'être sous la tutelle des Anglais, qu'une plus longue expérience a formés; ensuite, parce qu'en consentant à cet établissement, l'Angleterre doit faire en quelque sorte un sacrifice, au lieu que la France n'en peut tirer que des avantages.

CHAPITRE III

Qu'il est de l'intérêt de la France et de l'Angleterre de s'unir par un lien politique.

L'union de la France et de l'Angleterre peu réorganiser l'Europe; cette union, jusqu'ici impossible, est maintenant praticable, puisque la France et l'Angleterre ont les mêmes principes politiques et la même forme de gouvernement. Mais pour que le bien s'opère, suffit-il qu'il soit possible? Non sans doute, il faut encore qu'on veuille le faire.

L'Angleterre et la France sont menacées l'une et l'autre d'une grande secousse politique, et ni l'une ni l'autre ne peut trouver en soi les moyens de la détourner d'elle. Toutes deux trébucheront infailliblement, si elles ne se prêtent un mutuel appui; et par un hasard heureux autant qu'étrange, le seul recours qu'elles aient contre une révolution inévitable, est cette union qui doit accroître la prospérité de chacune d'elles et mettre fin aux malheurs de l'Europe.

CHAPITRE IV

Examen des affaires d'Angleterre.

Les ministériels et les opposants ne sont point en Angleterre le seul partage de l'opinion publique; cette division n'est qu'une fraction d'une division plus grande, plus ancienne et subsistant toujours : celle de la nation en deux partis, les Whigs et les Tories.

Les Tories ont toujours été en majorité, d'où il

suit que jusqu'ici le ministère a été dans leurs mains, et que par conséquent la situation présente de l'Angleterre est le résultat de leurs travaux.

Jetons un coup d'œil sur la situation de l'Angleterre.

L'Angleterre a écrasé, anéanti toutes les marines qui pouvaient en s'unissant rivaliser avec la sienne. L'empire des mers est donc tout entier dans ses mains. Elle domine directement sur l'Asie et l'Afrique. Elle laisse aux Espagnols et aux Portugais les frais et les embarras du gouvernement de l'Amérique du Sud, et en tire à soi tout le profit. Elle a ôté aux Américains du Nord tout moyen d'être ses rivaux en commerce.

Par cette balance de l'Europe, dont elle a su s'emparer, rien ne se fait sur le continent que ce qu'elle veut; elle y répand à son gré la guerre ou la paix; le commerce du monde entier est dans ses mains; elle surpasse tous les autres peuples en agriculture et en industrie.

Ainsi l'action que l'Angleterre exerce sur le reste de l'espèce humaine est la plus générale, la plus grande, la plus étonnante dont l'histoire fasse mention; l'Angleterre est donc parvenue au comble de la gloire et de la puissance.

Mais le capital de la dette de l'Angleterre surpasse de beaucoup la valeur territoriale des trois royaumes : de là résulte un état forcé de choses; cet état forcé de choses a fait hausser considérablement le prix des denrées de première nécessité qui doit augmenter le prix de la main-d'œuvre, qui accroîtra nécessairement le prix des objets manufacturés; le papier perd contre l'argent, le change est constamment désavantageux, etc.

Le patriotisme de la nation anglaise, tant qu'elle a été menacée par Bonaparte, a donné à son gouvernement les moyens de soutenir le poids énorme qu'il supporte; mais pourra-t-il continuer de le soutenir dans le calme d'une situation paisible? Non sans doute; si l'on n'y apporte un prompt remède, une révolution dans les finances, une révolution politique deviendra inévitable. Cette révolution sera d'autant plus prompte qu'elle sera excitée par les Whigs, car elle est pour eux le seul moyen de rendre leurs principes prépondérants et de saisir le timon des affaires. Parlons des Whigs.

Ils se sont opposés de toutes leurs forces à la guerre contre l'Amérique. Ils pensaient que la Grande-Bretagne devait sans balancer accorder à ses sujets continentaux du Nouveau Monde cette indépendance qu'ils demandaient comme une faveur, mais qu'ils se sentaient en état de conquérir si elle leur était refusée. Aucun d'eux n'a consenti au despotisme, aux injustices, aux atrocités du gouvernement anglais dans l'Inde[1].

Dès l'origine de la révolution française, et pendant toute sa durée, les Whigs ont constamment proclamé que la nation anglaise devait se déclarer en faveur du parti qui travaillait à changer le régime social de la France et à y établir la constitution représentative ; et lorsque Burke et les Tories se répandaient en invectives et faisaient retentir l'Angleterre de ce propos si célèbre : *Les Français ont passé au travers de la liberté*, ils ont répondu[2] : « N'est-ce pas aux crises les plus violentes et aux plus sanglantes catastrophes que les hommes ont toujours dû leurs plus grands progrès en politique ? Ainsi que les Français, nos pères n'ont-ils pas eu leur temps de fureur et de folie ? N'ont-ils pas comme eux souillé leurs mains du sang de leur roi innocent ? Nos niveleurs étaient-ils moins absurdes, moins ennemis

1. Il n'y a pas d'occasion dans laquelle les Wighs n'aient professé ouvertement les opinions les plus libérales ; aujourd'hui, ils se montrent révoltés de la conduite de Ferdinand, et conseillent au gouvernement anglais de soutenir le peuple espagnol contre son roi : on sait que plusieurs d'entre eux ont envoyé des secours d'argent aux Norwégiens.

2. Voyez les débats parlementaires du temps.

» de tout principe social que leurs Jacobins? et
» Cromwell moins tyran que Bonaparte? Et pour-
» tant c'est notre révolution, si semblable à la ré-
» volution française, qui nous a faits ce que nous
» sommes; c'est par elle que le peuple anglais est
» libre chez lui et puissant chez les nations étran-
» gères. N'en doutons pas, quelques efforts que
» nous fassions pour décrier et entraver leur révo-
» lution, les Français en tireront à la longue les
» avantages que nous avons tirés de la nôtre; ils
» seront libres et grands comme nous. Protégeons-
» les donc maintenant qu'ils sont faibles et que
» nos secours peuvent les mettre à l'abri des maux
» qui les menacent encore. »

Enfin les Whigs ont constamment professé ce principe, que la liberté de la Grande-Bretagne serait d'autant plus entière et plus assurée, que les peuples du continent seraient plus libres. Ils ont répété sans cesse aux Tories : « qu'ils faisaient de
» vains efforts pour arrêter chez les nations de
» l'Europe ce progrès des lumières que rien ne
» peut arrêter; que les dépenses énormes aux-
» quelles cette entreprise les contraignait, n'at-
» teindraient point le but et élevaient la dette pu-
» blique à une somme telle qu'il deviendrait
» impossible d'en rembourser le capital, ni d'en

» payer même les intérêts ; que cette dette devait » créer un ordre de fortunes factices qui hausse» rait le prix des denrées, lequel augmenterait les » salaires, lesquels à leur tour accroîtraient le » prix des objets fabriqués; que le renchérisse» ment des objets fabriqués augmenterait l'impor» tation et diminuerait l'exportation, d'où il résul» terait augmentation de dépenses et diminution » de recettes; qu'enfin, l'État ne pouvant plus » payer l'intérêt de sa dette, la banqueroute se» rait inévitable. »

L'événement a appris à la nation anglaise que les Whigs avaient raison; elle commence à sentir la nécessité de changer son plan de politique extérieure.

Mais pourquoi les Tories ont-ils constamment obtenu la majorité et l'ont-ils toujours emporté sur les Whigs? Pourquoi le ministère, et par conséquent l'administration des affaires d'État, a-t-elle été jusqu'ici dans leurs mains? Doit elle y rester encore? et combien de temps doit-elle y rester?

Un sentiment secret disait aux Anglais que leur liberté serait en danger, s'ils avaient des relations intimes avec des peuples encore trop peu éclairés pour vivre sous un régime libéral; ainsi les Tories qui conseillaient le despotisme et l'isolement de l'Angleterre devaient obtenir la majorité des suffrages, puisqu'alors leur opinion s'accordait avec les intérêts du peuple.

Depuis, lorsque Bonaparte effrayait l'Angleterre par son projet vaste et insensé de domination universelle, tous les partis se turent, chaque citoyen cessa d'être Whig ou Tory, pour n'être plus qu'Anglais, et toutes les opinions vinrent se perdre en une seule, le besoin de secourir la patrie.

Mais maintenant que l'Angleterre peut sans crainte s'allier avec la France, puisque la France a la même constitution qu'elle, maintenant que la patrie, hors de danger, laisse aux citoyens le loisir de peser les opinions des deux partis, quel sera celui des deux qui sera porté au ministère?

Tous les Anglais dont l'opinion publique est de quelque poids, sont créanciers de l'État pour des sommes plus ou moins considérables, et par conséquent intéressés personnellement à ce que l'État remplisse ses engagements. Ainsi, tous ceux du parti whig doivent être sollicités d'un côté par le désir de s'emparer des affaires, et de l'autre par celui d'empêcher la banqueroute de l'État; or, maintenant qu'ils voient que cette banqueroute est inséparable du mouvement politique qui doit mettre le gouvernement dans leurs mains, l'intérêt d'opinion étant balancé dans leurs esprits par l'intérêt personnel, tous doivent se tenir en repos et suivre le train des choses par la crainte de se nuire s'ils tentaient de l'arrêter.

Il suit de là que le gouvernement doit rester encore entre les mains des Tories, qu'il y restera tant que les Tories trouveront à emprunter, et que les Tories, fidèles à leur ancien système de politique, chercheront à susciter des troubles en France pour y entraver encore le développement de l'industrie.

Mais il est aisé de voir que le temps viendra bientôt où le gouvernement anglais sera contraint d'annoncer au peuple qu'il ne peut plus payer les intérêts de sa dette, et qu'alors, par une grande secousse politique, le gouvernement passera des Tories aux Whigs.

Maintenant, ce qu'il s'agit de savoir, c'est s'il existe un moyen d'éviter la banqueroute de l'Angleterre et de faire que le gouvernement quitte son plan de politique extérieure pour un autre plus libéral, c'est-à-dire de faire passer le gouvernement des Tories aux Whigs sans révolution et sans banqueroute.

Je crois cela possible; mais ce n'est point au dedans d'elle-même que l'Angleterre en trouvera les ressources, c'est au dehors qu'il faut les chercher; elles ne peuvent résulter que d'une association avec la France. L'Angleterre peut être comparée à une grande maison de commerce qui a fait des établissements magnifiques, mais qui s'est endettée d'une somme immense pour faire ces établissements; si elle trouve un associé riche elle prospérera, sinon elle manquera infailliblement.

Mais, non-seulement l'Angleterre a besoin de la France, la France aussi a besoin de l'Angleterre, et l'une et l'autre ont un intérêt également pressant à une association commune.

CHAPITRE V

Examen des affaires de la France.

Ce n'est point par une sorte de caprice politique et par un hasard imprévu que la France s'est donné la constitution anglaise : plus de cent ans de travaux l'ont préparée à la recevoir.

L'autorité du pape, le pouvoir illimité des rois, les priviléges de la noblesse et du clergé, leurs richesses qui soutenaient leur puissance, étaient autant d'obstacles qu'il fallait renverser pour que la France fût réorganisée.

C'était par l'opinion qu'il fallait commencer de détruire ces pouvoirs que l'opinion avait élevés, et ce fut l'ouvrage du XVIIIe siècle. Le clergé fut tourné en ridicule, l'autorité arbitraire rendue odieuse, la noblesse déconsidérée.

L'*Encyclopédie*, fruit des travaux de tout le siècle, porta le coup décisif en abattant à la fois tous les préjugés invétérés, toutes les erreurs accréditées qui soutenaient l'ancien ordre de choses.

La révolution, préparée par les écrivains, fut hâtée par la guerre d'Amérique. Ces idées de liberté et d'institutions libérales, cette haine de toute tyrannie que les défenseurs des États-Unis rapportèrent du commerce d'un peuple libre et opprimé, gagnant bientôt une partie de la nation, la crise commença.

Les droits du trône, la puissance de la noblesse et du clergé, déjà sapés dans leur base, n'opposèrent qu'une vaine résistance. On saisit les biens, on proscrivit les personnes, le roi lui-même ne fut point épargné [1].

Louis XVI aimait son peuple, il avait tout ce

1. La révolution française est une preuve de ce que j'ai dit plus haut de la nécessité d'unir la propriété au talent dans le gouvernement. La noblesse et le clergé, qui étaient les grands propriétaires de l'État, ayant laissé les lumières se concentrer dans la classe des non-propriétaires, furent renversés par eux, et la propriété passa de leurs mains dans les mains de ceux qui les avaient renversés.

qui fait les bons rois; mais Titus serait tombé comme lui, si Titus eût régné à sa place. Cette fermeté même qu'il n'avait pas ne l'aurait pas plus sauvé que sa faiblesse. Ce n'était pas le prince, c'était le trône qu'on attaquait; le hasard de la naissance l'y avait fait monter, le trône l'entraîna dans sa chute.

Tout l'enthousiasme, toutes les folies, toutes les horreurs de la révolution française se reproduisent dans celle d'Angleterre. Des deux côtés le but était le même; des deux côtés les mêmes événements y ont conduit; tant il est vrai que la marche de l'esprit humain est une et inaltérable et ne varie point selon les temps ou les lieux.

La ressemblance est telle qu'on peut tracer d'un seul coup le caractère commun des deux révolutions, et l'appliquer ensuite à chacune d'elle [1].

Toutes deux ont été partagées en cinq époques distinctes l'une de l'autre par les événements qui les ont signalées.

1. La seule différence qu'il y ait entre ces deux révolutions vient de la différence des siècles, dont le caractère n'était point le même : l'une fut excitée par la passion de cette égalité que prêche le christianisme; l'autre par celle de l'égalité que la philosophie commandait.

PREMIÈRE ÉPOQUE

Le progrès des lumières met en évidence les inconvénients de l'ancien ordre social, et fait sentir le besoin d'une organisation nouvelle; le désir d'opérer ce changement heureux s'empare de tout le monde; le roi, les grands, le peuple, tous veulent y contribuer; on n'a qu'un but, qu'un penchant, qu'un désir, le bonheur public; on est résolu de l'obtenir à quelque prix que ce soit; les intérêts privés disparaissent devant l'intérêt de tous.

DEUXIÈME ÉPOQUE

Le charme cesse, on recule devant des sacrifices qui, vus de plus loin, semblaient peu de chose; on se repent d'un zèle téméraire; cet amour ardent, emporté, aveugle, du bien général devient plus calme et plus réfléchi; on calcule les avantages et les pertes; plusieurs regrettent l'ancien ordre de choses, ils s'efforcent d'arrêter les progrès du nouveau en luttant contre ses partisans; les novateurs cherchent un appui dans la populace qu'ils échauffent; des sociétés populaires s'établissent.

TROISIÈME ÉPOQUE

Tous les pouvoirs étant placés entre les mains de la classe la plus ignorante sont mal administrés, l'anarchie s'établit, la guerre civile et la famine achèvent le malheur public.

QUATRIÈME ÉPOQUE

Le désordre est à son comble, les esprits fatigués cherchent à revenir à l'ordre et à la subordination, le despotisme d'un seul paraît moins fâcheux que le despotisme populaire; quiconque osera régner est sûr d'être accueilli. Alors s'élève de la foule un ambitieux hardi, un Cromwell, un Bonaparte, qui, armé d'une volonté ferme, et fort de la nécessité publique, arrache le pouvoir des mains de la canaille et le concentre dans les siennes; et comme la force militaire pouvait seule écraser la puissance du peuple, une domination toute guerrière s'élève sur les ruines de l'anarchie démocratique.

CINQUIÈME ÉPOQUE

Le calme renaît après tant d'agitations, les changements désirés au commencement par la partie saine du peuple s'opèrent sans peine, et la nation voit enfin cet ordre social auquel elle avait espéré d'arriver, sans convulsions et sans troubles.

Voilà l'histoire rapide de la révolution anglaise et de la révolution française; je laisse au lecteur le soin de vérifier cette analyse relativement à la première; quant à la seconde, quel est parmi nous l'homme parvenu à cinquante ans qui n'a pas conservé des souvenirs divers et des beaux jours de l'assemblée nationale, et des folies de l'assemblée législative, et des atrocités de la convention? Quel est celui que n'a pas indigné la tyrannie dont la France est délivrée, et qui ne s'est pas senti émouvoir de joie en voyant les fils de Louis XII et de Henri IV nous rapporter d'un long exil, avec les vertus de leurs aïeux, des institutions convenables à nos lumières?

Il en est des séries de faits comme des séries de nombres; après quatre termes communs à deux séries, tous le sont indéfiniment [1]. Or, les révolutions de France et d'Angleterre, en les considérant comme deux séries de faits, ont cinq termes semblables, et le cinquième terme de la révolution française est l'état présent des choses. On peut donc dire avec certitude, que s'il y a eu un sixième terme dans la révolution anglaise, il y aura un

1. Pour prévenir toute objection de la part des mathématiciens, j'ajouterai que je n'entends parler ici que des séries numériques dont un terme quelconque ne dépend au plus que des quatre précédents, les séries de faits que je leur compare étant composées de termes qui sont tous dépendants uniquement du précédent, il y a plus de raisons d'identité qu'il n'est nécessaire.

sixième terme de même nature, correspondant à celui-ci, dans la révolution française. Le sixième terme dans la révolution anglaise a été l'expulsion des Stuarts.

Une catastrophe de ce genre serait affreuse pour la France, et cependant nous en sommes menacés par la force des choses. Il ne s'agit point maintenant de s'abuser soi-même et de détourner les yeux de cet avenir qui s'avance ; il faut l'arrêter, l'anéantir, et ce n'est pas en n'y songeant point qu'on peut le faire.

CHAPITRE VI

Causes d'une nouvelle révolution en France.

Il y avait en France une caste privilégiée, à laquelle appartenaient tous les honneurs et tous les emplois importants. La noblesse, doublée de nombre par Bonaparte, se divise maintenant en deux parties opposées l'une à l'autre, et toutes deux mécontentes. L'ancienne noblesse, accoutumée à regarder comme son patrimoine toutes les grandes charges de l'État, s'indigne de voir une foule d'hommes nouveaux assis au rang qu'occupaient leurs ancêtres. Les nouveaux nobles, fiers de leurs richesses, habiles dans l'exercice de leurs charges.

puisque cet exercice a précédé leur noblesse, prétendent qu'on doit à leurs lumières ce que les autres disent qu'on doit à leur naissance ; ils supportent avec peine que des emplois, qu'ils se croient seuls capables de remplir, soient confiés à des hommes vieillis loin des affaires, dans l'oisiveté ou dans l'exil[1].

C'est dans la classe militaire, qui de tout temps a été la première en France, que se montre surtout cette lutte entre les hommes anciens et les nouveaux. Les officiers qui ont servi sous Bonaparte, réduits en partie à la demi-solde, après tant de travaux et de succès, souffrent de voir tous les jours se former de nouveaux corps, dont les chefs n'ont partagé ni leurs fatigues, ni leurs victoires ; et ce qui excite surtout leurs plaintes, c'est qu'une maison du roi, toute brillante de dorure, mais encore sans gloire et sans expérience de la guerre, a été placée au-dessus de cette vieille garde qui a fait trembler l'Europe.

1. L'ancienne noblesse a perdu ses biens, ses emplois, ses honneurs, et cependant elle a encore assez de force dans l'opinion pour lutter contre ceux auxquels la révolution a donné tout ce qu'elle lui a enlevé. C'est qu'on aime à retrouver en elle les restes de ce vieil honneur français, de cette passion de la gloire des temps chevaleresques, que les changements de l'ordre social ne lui ont pas plus ôté que le souvenir de ses aïeux.

D'un autre côté, la noblesse ancienne revendique toutes les charges militaires. Celles qu'elle n'a plus, celles qu'elle n'a jamais eues, lui semblent également usurpées sur elle ; elle redemande à la fois et ce qu'elle avait, et ce qu'elle aurait pu avoir ; et parmi tant d'intérêts contraires, tant de prétentions opposées, s'élève un cri général, le regret du passé et le mécontentement du présent.

Si nous descendons de la première classe de la société dans la seconde, nous verrons d'abord la magistrature, et tout ce qui se rattache à elle, humiliée d'avoir perdu son importance politique et les grands noms qui l'illustraient ; si l'ordre judiciaire ne devait pas s'attendre à voir revivre ses anciennes prérogatives, du moins pouvait-il espérer de voir, ainsi qu'en Angleterre, les grands juges siéger dans le parlement.

L'ordre du commerce, les banquiers, les négociants, les fabricants, etc., manquent d'un établissement de banque solide et absolument indépendant du gouvernement; d'encouragement pour l'industrie ; de considération pour ceux qui s'y distinguent ; cette classe, si importante pour la puissance d'un État, est encore écrasée par les prétentions et la considération de la noblesse.

Dans la classe des non-propriétaires, il n'y a

qu'un cri contre les droits réunis dont le mode de perception rappelle la plus odieuse tyrannie.

Les habitants des ports et des côtes de France se plaignent d'être réduits au cabotage et de ne pouvoir donner carrière à leur activité, en se livrant à la grande navigation, que la perte de nos colonies les plus importantes et le despotisme des Anglais leur interdisent.

Toutes les classes de la société, tout ce qu'il y a de Français, s'élève contre la faiblesse que le gouvernement a montrée en laissant enlever la Belgique; on voit avec dépit l'Autriche accrue d'une partie de la Pologne et des provinces Illyriennes; la Russie, de la Crimée, de la Finlande, et de vastes possessions en Asie; la Prusse, de la Silésie, et d'une partie de la Pologne; et la France humiliée, affaiblie, réduite à ses anciennes limites.

CHAPITRE VII

Suite.

Tous ces murmures qu'excitent, dans les diverses classes de la nation, les intérêts contrariés, les espérances trompées, se réunissent à la fois contre le gouvernement dont la marche n'est ni ferme ni franche.

Depuis vingt-cinq ans que la France a renversé son ancienne forme de gouvernement, dix constitutions différentes ont été tour à tour adoptées et rejetées ; ces essais signalés par des atrocités épouvantables qu'enfantait la fureur des partis, ont été pour ainsi dire les degrés par lesquels on est parvenu de l'ancien ordre des choses à celui que nous voyons. La constitution représentative dans laquelle la nation fatiguée se repose aujourd'hui, semble être le terme de tous ses vœux, et doit l'être en effet, puisque cette forme de gouvernement est la meilleure. Il n'y a donc plus à craindre qu'une révolution change la constitution de l'État, car dans l'opinion cette constitution est inébranlable, et si nous sommes menacés d'une secousse politique, ce ne sera point sur les pouvoirs constitutionnels, mais sur ceux qui les administrent que frapperont les coups.

Toutes les opérations du parlement français depuis qu'il est établi, ont déplu à la majorité du peuple; en politique nationale, comme en politique extérieure, il a paru également faible et inhabile; on aurait voulu que son premier soin eût été d'assurer la liberté de la presse, la liberté individuelle, et la responsabilité du ministère, qui sont pour les gouvernés la seule garantie qu'ils ne seront point opprimés.

De l'examen du parlement en général, descendons à l'examen des trois pouvoirs qui le composent.

Hors un petit nombre d'hommes, dont les noms sont devenus assez célèbres pour que je n'aie pas besoin de les rappeler ici, les députés façonnés à la servitude sous la tyrannie de Bonaparte, n'osent pas croire qu'ils puissent être autre chose que des instruments dont on use à son gré; on voit des fauteurs du pouvoir absolu dans la chambre des députés du parlement de France; des hommes qui ne sont rien que par la constitution, tournent contre la constitution un pouvoir qu'ils tiennent d'elle, et par un choix bien étrange ils aiment mieux être les protégés d'un ministre, que les membres d'un des grands corps de l'État.

Le même courage dans un petit nombre d'hommes qui savent quel est leur pouvoir et en usent comme ils le doivent, la même faiblesse dans une majorité qui se laisse entraîner où l'on veut, se montrent parmi les pairs. Cette chambre, n'étant point encore héréditaire, est tout entière dans les mains du roi.

Le défaut de justesse dans les opérations, le dérèglement dans les vues du gouvernement que produit la division des opinions dans les deux chambres sur les points constitutionnels, est encore accru par le roi; éloigné par sa philosophie et son caractère de toute idée d'autorité absolue, il y est ramené malgré lui par le pouvoir des habitudes de l'enfance, et par les conseils de ceux qui l'entourent: d'un côté sa sagesse le sollicite, de l'autre son éducation le rappelle; et dans ce combat de deux forces également puissantes, dout l'une est repoussée par l'autre qui la repousse à son tour, hésitant, incertain, agissant diversement selon l'impulsion qui l'entraîne, il porte dans ses décisions tout le désordre des mouvements qui l'agitent.

C'est de cette incertitude du parlement entier, qui flotte entre un ordre de choses détruit et qui ne peut revenir, et un autre vers lequel on s'avance et qui n'est pas encore assuré, que naissent toutes les fautes et toutes les plaintes.

C'est une chose monstrueuse que de vouloir concilier ce qui est inconciliable; et que fait-on autre chose lorsque, confondant par un mélange bizarre le régime arbitraire avec le régime représentatif, on est à la fois roi absolu et roi parlementaire; député et protégé d'un ministre qui peut tout faire;

pair et esclave des volontés du roi? Une forme de gouvernement bâtarde, où la représentation n'est qu'un vain appareil qui ne peut rien contre les abus du pouvoir, voilà ce que nous voyons aujourd'hui. Cette confusion de deux ordres de choses qui ne peuvent subsister ensemble et qu'on fait marcher de front, provient d'une seule cause, l'inexpérience de ceux qui administrent les pouvoirs constitutionnels. Si le même coup qui a mis en France le gouvernement parlementaire avait détruit dans tous les esprits les habitudes contractées sous le gouvernement précédent, et suggéré à chacun des idées justes sur l'organisation sociale, moins de murmures s'élèveraient maintenant, et nous serions menacés de moins de maux. Le temps sans doute et l'expérience doivent instruire ceux qui nous gouvernent; mais le bien est lent à venir, les malheurs pressants, l'expérience tardive.

Qu'on se souvienne que le gouvernement anglais est encore dans les mains des Tories; que les Tories, après avoir épuisé en vain leurs efforts pour empêcher la nation française d'arriver où elle est, vont chercher maintenant à la ramener en arrière et à entraver la marche du gouvernement déjà chancelant et mal assuré, et l'on verra que la France est placée sur un volcan dont l'explosion sera d'autant plus terrible qu'on tardera plus à l'éteindre.

CHAPITRE VIII

Direction de la Révolution.

Le mécontentement de la nation, les intrigues de l'Angleterre, la faiblesse du gouvernement menacent la France d'une révolution prochaine.

Sur qui porteront les coups de cette révolution? Sur les députés? Mais les députés étant nommés seulement pour un temps, elle ne peut leur ôter qu'un pouvoir qu'ils ne devaient pas toujours conserver et qu'ils peuvent espérer de reprendre. Sur les pairs? Mais la pairie n'étant point encore héréditaire, chaque pair peut cesser d'être pair sans que son existence sociale soit anéantie. Sur le roi? Ici tout change, la royauté est héréditaire, le trône est le seul domaine, la seule existence de la famille royale.

Ainsi, cette révolution qui est sans force contre les deux chambres, doit tomber de tout son poids sur le roi et sur sa famille; la cause de cette effrayante catastrophe est que la royauté en France n'est point encore divisée[1].

1. Voyez ci-dessus, liv. 1er, chap. V.

Si la royauté administrative était séparée de la royauté héréditaire, la secousse politique ne menaçant que les pouvoirs administratifs, le coup tomberait sur les ministres seuls et n'atteindrait point le roi; mais toutes deux étant concentrées en un même point, l'une ne peut être frappée sans que l'autre le soit avec elle.

La responsabilité du ministère est la sauvegarde la plus sûre et le plus ferme rempart de la dynastie.

Aujourd'hui, par un reste d'habitude de l'ancienne forme de gouvernement, une partie de la nation rapporte tout au roi, fait le roi centre de tout, mobile de tout, et ne regarde les autres pouvoirs que comme une émanation du pouvoir royal. Cette opinion qu'on n'a pas pris assez soin de détruire, et que l'amour des Français pour leur prince entretient encore parce qu'on se plaît à penser qu'on obéit à ceux qu'on aime, est la plus funeste aux intérêts du roi, la plus fatale à la dynastie, la plus propre à pousser contre elle tout l'effort de la révolution qui s'avance; car c'est contre celui qu'on croit cause de tout que s'élèvent tous les murmures; c'est lui qu'on accuse de tous les maux, qu'on charge de toutes les fautes.

Si ce malheur était sans remède, j'aurais gardé

le silence pour ne point affliger en vain la France par le présage d'un mal inévitable; mais comme nous ne sommes pas encore réduits à désespérer, que les dangers qui nous menacent peuvent être détournés de nous, et qu'il est important de montrer comment ils peuvent l'être, j'eusse été coupable de me taire.

CHAPITRE IX

Des moyens d'éviter en France une seconde révolution.

J'ai dit quelles étaient les causes de la révolution qui menace la France ; en quelque nombre que soient ces causes, un seul coup peut les détruire toutes.

Lorsque l'orgueil national d'un peuple est blessé, cette gêne de la nation entière s'étend sur les individus, et rend plus vif dans chacun d'eux le sentiment des maux particuliers; aussitôt que cet orgueil est satisfait, tous les déplaisirs particuliers se perdent dans le contentement général.

Dès l'instant qu'un lien politique l'unira à l'Angleterre, la nation française, affaiblie aujourd'hui, jouera un premier rôle en Europe, et l'orgueil français, abaissé avec la France, se relèvera avec elle.

Alors toutes les prétentions seront oubliées, tous les intérêts confondus, tous les amours-propres contentés, ou du moins ces passions qui maintenant s'agitent avec tant de violence s'affaibliront et s'éteindront bientôt.

Dans ses rapports avec le reste du globe la France partagera tous les avantages dont jouit l'Angleterre.

L'empire de la mer, devenu commun à la nation française, étendra le commerce, accroîtra l'industrie, ouvrira la navigation qui est faible encore et nulle pour ainsi dire.

Un papier-monnaie, rendant la circulation plus active, est nécessaire pour donner de l'essor à l'industrie française; une banque commune aux deux nations, établie par le parlement anglo-français, satisfera à cet égard les désirs de la classe commerçante.

Enfin l'opinion publique en France se fixera sur des bases solides, par le commerce intime des Anglais, nos maîtres en politique nationale; le parlement d'Angleterre et le parlement anglo-français par leur influence sur le nouveau parlement français, l'entraîneront dans la direction vraiment constitutionnelle, et affirmeront la marche du gouvernement, en détruisant cette hésitation qui résulte du combat des vieilles habitudes et des opinions nouvelles.

CHAPITRE X

Résumé des considérations relatives à la France et à l'Angleterre.

Je me suis élevé au point de vue d'intérêt commun de la France et de l'Angleterre.

Que ceux qui m'ont suivi avec attention, qui s'y sont élevés avec moi, qui ont découvert de là un remède aux maux des deux nations, redescendent maintenant à ces combinaisons d'intérêt national que jusqu'ici on a seules méditées et qu'on va recommencer de méditer encore ; qu'apercevront-ils ? Des rivalités, des guerres, des malheurs au dedans et au dehors.

L'Angleterre effrayée à l'approche d'une révolution, redouble les efforts de sa politique ; elle calcule froidement de nouvelles guerres en Europe et de nouveaux malheurs en France ; elle soutient la cause des nègres et ravage le territoire de ses frères. L'Europe entière s'est indignée à la nouvelle de l'incendie de Washington ; et cependant ni ses ruses, ni sa politique oppressive, ni ses crimes dont elle frémit elle-même et qu'elle se croit forcée de commettre, ne la sauveront point ; ils pourront tout au plus retarder la crise qui la menace.

Qu'on se figure l'Angleterre occupée d'écraser tout ce qui s'élève, s'endettant pour appauvrir les autres peuples, s'affaiblissant pour les affaiblir, comme s'il n'y avait de salut pour elle que dans la misère et la perte de tous; qu'on la voie, épouvantée de ses propres horreurs, en méditer encore de nouvelles et s'attirer la haine de tout ce qu'il y a d'humain, pour prolonger de quelques jours encore ce triste état d'agitations inquiètes, de craintes toujours croissantes, que couvre inutilement une apparence de force et de prospérité au dehors. Qu'on se la représente ensuite, unie avec la France, sauvée par cette union d'une banqueroute inévitable ; puissante et heureuse, sans crimes et sans craintes, sans que la prospérité d'autrui lui fasse rien perdre de la sienne propre; et qu'on me dise lequel de ces deux états est préférable.

La France, après la crise qui a renversé son ancien système politique, ne s'en est point fait un nouveau.

Que par un mouvement généreux la France regarde la dette de l'Angleterre comme le résultat des efforts qu'il fallait faire pour assurer à la liberté en Europe une patrie d'où elle pût se répandre sur toutes les nations, et qu'elle consente à partager le poids d'un sacrifice dont elle partage les fruits; que, par un élan non moins noble, l'Angleterre rende communs à la France les avantages que cent ans de liberté ont accumulés sur elle.

Que l'énormité de cette dette n'effraie ni l'un ni l'autre des deux peuples; elle ira toujours en décroissant; car à mesure qu'une nation devenue libre s'unira à la Société anglo-française, la dette lui deviendra commune en proportion de ses richesses.

Il sera donc de l'intérêt de la confédération anglo-française de favoriser de tout son pouvoir la réorganisation de l'Europe.

Moins on contrarie les intérêts des autres en travaillant aux siens propres, moins on éprouve de résistance de leur part; plus facilement on arrive à son but. Ainsi, cette maxime tant répétée : *on ne peut être vraiment heureux qu'en cherchant son bonheur dans le bonheur d'autrui*, est aussi certaine, aussi positive que celle-ci : *un corps lancé dans une certaine direction est arrêté ou retardé dans sa course s'il rencontre en chemin d'autres corps lancés dans une direction contraire.*

CHAPITRE XI

De l'Allemagne.

Il y a un peuple en Europe que son gouvernement semble reléguer parmi le vulgaire des nations européennes, mais qui s'en éloigne à des distances infinies, par son caractère, ses sciences, sa philosophie.

La morale la plus pure, une sincérité qui ne trompe jamais, une probité à toute épreuve se rencontrent chez la nation allemande. Au milieu des guerres les plus terribles, des inimitiés les plus atroces, de la plus insupportable oppression, ce caractère ne s'est point démenti. Jamais un soldat français n'a péri par trahison dans ce pays que désolait la France.

Privée presque entièrement du commerce maritime, l'Allemagne a été préservée de cet esprit mercantile qui met le calcul à la place des beaux sentiments, mène à l'égoïsme et à l'oubli de ce qu'il y a de grand et de noble; on n'y demande point comme en Angleterre, *combien vaut tel homme ?* pour dire, combien possède-t-il ? Le mérite ne s'y mesure point aux richesses.

Une chose remarquable surtout, c'est que cette bonté de naturel, cette simplicité de mœurs, qui est le caractère du peuple, se répand sur les gouvernants ; l'autorité arbitraire y est douce et paternelle.

Une nation peut s'offrir sous trois aspects, se trouver dans trois états divers : le premier est de ramper sous un gouvernement arbitraire ; de se plaire dans sa servitude, et de ne concevoir rien de plus désirable que la faveur de ceux qui gouvernent, rien de plus noble que les distinctions qu'elle donne.

Le second est d'avoir su s'élever au-dessus de l'état social où l'on vit, par les lumières philosophiques et la noblesse des sentiments ; de s'être arraché à ces idées de faveur qu'il faut acheter par des bassesses ; d'avoir vu qu'il y avait au delà quelque chose de plus digne de l'homme, et d'y avoir tendu, en luttant contre le cours des choses, mais sans chercher à le changer.

Le troisième, et le meilleur sans doute, est de s'être fait un gouvernement dont chacun peut être membre, s'il en est digne, d'employer tous ses soins, ses travaux, ses lumières au maintien et à la perfection de l'ordre social établi. Ce dernier état est celui de l'Angleterre et de la France ; le second est celui de l'Allemagne.

Il est beau, sans doute, de s'être élevé à la hauteur des sentiments les plus nobles, du milieu de l'abaissement de la servitude; de s'être dérobé, par l'indépendance de la pensée, à la gêne d'une domination absolue; mais il est plus beau, je pense, d'avoir su se créer un gouvernement libre, dans lequel on puisse se reposer sans bassesse et sans honte.

L'Allemagne s'est élancée hors de son état social, et l'a laissé au-dessous d'elle; l'Angleterre et la France se sont élevées, et ont élevé leurs gouvernements jusqu'à elles.

CHAPITRE XII

Suite.

Une grande agitation se fait sentir maintenant en Allemagne; les idées de liberté germent dans tous les esprits; tout dit qu'une révolution se prépare.

Le souvenir de la révolution d'Angleterre, le souvenir plus récent de celle de France effraie la nation allemande : elle n'ose se croire réservée à tant de maux, elle espère que son caractère la sauvera; elle s'abuse.

Le caractère national, quel qu'il soit, ne peut rien

contre la force des choses, et c'est de la force des choses qu'il s'agit ici. Il n'y a point de changement dans l'ordre social, sans un changement dans la propriété. L'enthousiasme du bien public peut bien faire consentir d'abord aux sacrifices que ce changement commande, et c'est la première époque de toute révolution ; mais on se repent bientôt, on s'y refuse, et c'est la seconde. Or, la résistance des propriétaires ne peut être vaincue, si les non-propriétaires ne s'arment ; et de là la guerre civile, les proscriptions, les massacres.

Qui peut préserver une nation de ces désastres ? Rien, sinon une protection extérieure qui favorise les partisans du nouvel ordre social, et contienne les propriétaires qui s'opposent à la révolution.

Les malheurs de la révolution anglaise étaient inévitables ; car nulle force alors en Europe ne pouvait seconder l'établissement d'un gouvernement libre.

La France pouvait être sauvée par l'Angleterre ; l'Angleterre lui a refusé son secours. Loin d'éteindre le feu, elle a cherché à l'augmenter encore : la France a été inondée de sang.

Ce qu'ont été l'Angleterre et la France, l'Allemagne l'est aujourd'hui : les mêmes maux la menacent, les mêmes secours peuvent la sauver.

Bien plus, une circonstance propre à l'Allemagne doit accroître la violence de sa révolution : elle a plus à faire que l'Angleterre et la France. Non-seulement elle doit changer sa constitution, il faut encore qu'elle se rassemble en un seul corps et qu'elle réunisse, sous un même gouvernement, une multitude de gouvernements épars. L'Allemagne divisée est à la merci de tout le monde ; ce n'est qu'en s'unissant qu'elle peut devenir puissante.

Le premier ouvrage du parlement anglo-français doit être de hâter la réorganisation de l'Allemagne, en rendant sa révolution moins longue et moins terrible.

La nation allemande, par sa population qui comprend près de la moitié de l'Europe, par sa position centrale, et plus encore par son caractère noble et généreux, est destinée à jouer le premier rôle en Europe, aussitôt qu'elle sera réunie sous un gouvernement libre.

Lorsque le temps sera venu où la société anglo-française se sera accrue par la réunion de l'Allemagne ; où un parlement commun aux trois nations aura été établi, la réorganisation du reste de l'Europe deviendra plus prompte et plus facile ; car ceux des Allemands qui seront appelés à faire partie du gouvernement commun, porteront dans leurs opinions cette pureté de morale, cette noblesse de sentiments qui les distingue, et élèveront jusqu'à eux, par la puissance de l'exemple, les Anglais et les Français, que leurs occupations commerciales rendent plus personnels et moins détachés de leur intérêt propre. Alors les principes du parlement deviendront plus libéraux, ses opérations plus désintéressées, sa politique plus favorable au reste des nations.

CONCLUSION.

J'ai voulu, dans cet écrit, prouver que l'établissement d'un système politique convenable à l'état des lumières, et la création d'un pouvoir général investi d'une force capable de réprimer l'ambition des peuples et des rois, pouvaient seuls constituer en Europe un ordre de choses paisible et stable. Sous ce rapport, le plan d'organisation que j'ai proposé ne joue qu'un rôle secondaire, puisque, fût-il rejeté, fût-il essentiellement mauvais, j'aurais fait ce que j'ai entrepris de faire, si un autre plan quelconque était admis.

Considéré sous un autre rapport, le plan que je propose est la partie la plus importante de cet ouvrage. Depuis longtemps, on s'accorde à dire que le système politique est détruit dans ses fondements, et qu'il en faut établir un autre; et cependant, ni cette opinion généralement répandue, ni les esprits préparés par la fatigue des révolutions et des guerres à saisir avidement tous les moyens de ramener l'ordre et le repos, n'ont fait sortir personne de la vieille routine; on s'est traîné sur les anciens principes, comme s'il ne pouvait y en avoir de meilleurs; on a combiné de mille manières les éléments de l'ancien système; mais rien de nouveau n'a été conçu. Le plan d'organisation que j'ai exposé est le premier qui ait eu un caractère neuf et général.

Il eût été souhaitable, sans doute, que le projet de réorganisation de la société européenne eût été conçu par un des souverains les plus puissants, ou du moins par un homme d'État versé dans les affaires et célèbre par ses talents en politique. Ce projet, soutenu d'un grand pouvoir, ou d'une grande renommée, aurait plus promptement attiré les esprits; mais la faiblesse de l'intelligence humaine ne permettait point aux choses de suivre cette allure. Ceux qui, dans les opérations qu'ils dirigeaient tous les jours, étaient contraints, par la force des choses, de rapporter tous leurs raisonnements aux principes de l'ancien système qu'on maintenait, faute d'un meilleur, pouvaient-ils marcher en même temps dans deux routes contraires; et tandis que leur attention était ramenée sans cesse vers le vieux système et les combinaisons anciennes, concevoir et porter dans leur esprit un système nouveau et des combinaisons nouvelles?

Après de grands efforts et de grands travaux, je me suis placé au point de vue d'intérêt commun des peuples européens. Ce point est le seul duquel on puisse apercevoir et les maux qui nous menacent, et les moyens d'éviter ces maux. Que ceux qui dirigent les affaires s'élèvent à la même hauteur que moi, et tous verront ce que j'ai vu.

Les divisions de l'opinion publique viennent de ce que chacun se fait des vues trop circonscrites, et n'ose pas s'écarter du point qu'il s'est fixé, et d'où il s'obstine à considérer les choses.

Pour les esprits droits il n'y a qu'une manière de raisonner, pour eux aussi il n'y a qu'une manière de voir s'ils considèrent le même côté des choses. Si des hommes ayant la même noblesse de sentiments, la même droiture de jugement, le même amour du bien public, le même attachement au roi, ont des opinions si contraires, c'est que chacun a son point de vue à lui qu'il ne veut point quitter. Qu'on s'élève plus haut, qu'on s'arrête où j'ai cherché à placer les esprits, et toutes les opinions se confondront en une seule.

Alors par un changement heureux dont les fruits ne seront point perdus pour l'État, nous verrons toutes les âmes élevées, tous les esprits éclairés, les Montesquiou et les Raynouard, les d'Ambrai et les Lanjuinais, et tant d'autres que leurs opinions divisent, et que leurs sentiments rassemblent, marcher tous vers un même but, et s'aider mutuellement dans la route commune.

Il viendra sans doute un temps où tous les peuples de l'Europe sentiront qu'il faut régler les points d'intérêt général, avant de descendre aux intérêts nationaux ; alors les maux commenceront à devenir moindres, les troubles à s'apaiser,. les guerres à s'éteindre; c'est là que nous tendons sans cesse, c'est là que le cours de l'esprit humain nous emporte! Mais lequel est le plus digne de la prudence de l'homme ou de s'y traîner, ou d'y courir?

L'imagination des poëtes a placé l'âge d'or au berceau de l'espèce humaine, parmi l'ignorance et la grossièreté des premiers temps; c'était bien plutôt l'âge de fer qu'il fallait y reléguer. L'âge d'or du genre humain n'est point derrière nous, il est au-devant, il est dans la perfection de l'ordre social; nos pères ne l'ont point vu, nos enfants y arriveront un jour; c'est à nous de leur en frayer la route.

FIN

www.ingramcontent.com/pod-product-compliance
Ingram Content Group UK Ltd.
Pitfield, Milton Keynes, MK11 3LW, UK
UKHW020209250726
13967UKWH00003B/1354